可再生能源研究成果系列

氢能产业
有序发展路径和机制

THE HYDROGEN INDUSTRY
ORDERLY DEVELOPMENT PATH AND MECHANISM

钟财富◎著

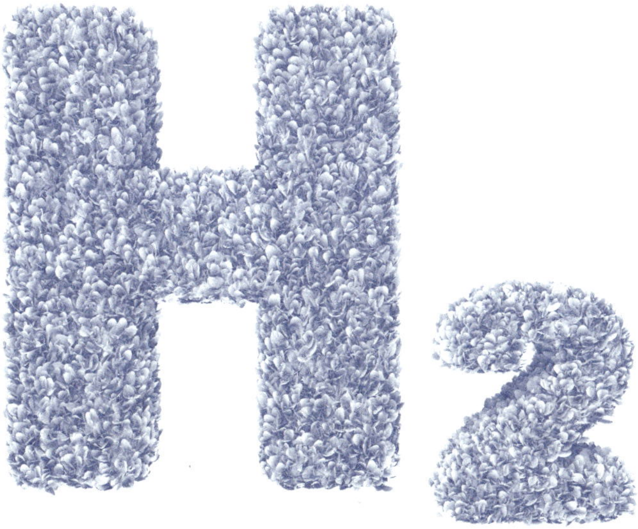

中国经济出版社
CHINA ECONOMIC PUBLISHING HOUSE
·北 京·

图书在版编目（CIP）数据

氢能产业有序发展路径和机制/钟财富著．--北京：中国经济出版社，2021.9（2023.3 重印）
ISBN 978-7-5136-6628-2

Ⅰ.①氢… Ⅱ.①钟… Ⅲ.①氢能-能源发展-产业发展-研究-中国 Ⅳ.①F426.2

中国版本图书馆 CIP 数据核字（2021）第 186884 号

责任编辑 姜 静 李玄璇
责任印制 马小宾

出版发行 中国经济出版社
印 刷 者 北京艾普海德印刷有限公司
经 销 者 各地新华书店
开 本 710mm×1000mm 1/16
印 张 11.25
字 数 150 千字
版 次 2021 年 9 月第 1 版
印 次 2023 年 3 月第 2 次
定 价 78.00 元
广告经营许可证 京西工商广字第 8179 号

中国经济出版社 **网址** www.economyph.com **社址** 北京市东城区安定门外大街 58 号 **邮编** 100011
本版图书如存在印装质量问题，请与本社销售中心联系调换（联系电话：010-57512564）

前　言

氢能热值高、清洁、来源多样，与电力一同被视为支撑能源转型的两大二次能源之一，它具有如下特点。

1. 氢能是来源多样、清洁、环保、高效的二次能源

氢是二次能源，能通过多种方式制取，没有资源制约。利用低温燃料电池，氢能通过电化学反应直接转化成电能和水；相比汽柴油、天然气等化石燃料，其转化效率不受卡诺循环限制，最高可达90%。氢能的电化学反应过程不排放二氧化碳（CO_2）、氮氧化物（NO_X）等温室气体和空气污染物，是零污染的二次能源。氢能被公认是一种环境友好、可持续发展的清洁绿色能源。

2. 氢能是理想的能源互联媒介

当前能源体系主要由电网、热网、油气管网共同构成。不同能源网络依赖不同种类的一次能源，且彼此之间转化效率低下，能源优化也往往在各自的网络独立进行。凭借燃料电池技术，氢能可以在不同能源网络之间进行转化，可以同时将可再生能源与化石燃料转化成电力和热力，也可以通过逆反应产生氢燃料替代化石燃料或进行能源存储，从而实现不同能源网络之间的协同优化。此外，氢能更可通过合成气的方式将能源及化工产业进行整合，实现更大尺度的优化运行。因此，氢能是实现电力、热力、液体燃料等各种能源品种之间转化的媒介，是在可预见的未来实现跨能源网络协同优化的唯一途径。

3. 氢能是可大规模应用的储能介质

随着风能、太阳能、水能等可再生能源占比持续提升，储能在未来

能源系统中的作用不断显现。我国传统抽水蓄能资源有限、效率低下，且随着资源开发的深入，其建设成本逐步升高。虽然铅蓄电池、锂电池、液流电池等新型电化学储能以及储热技术发展迅速，但只适用于较短时间尺度及较小容量的调节。随着可再生能源渗透率不断提高，季节性乃至年度调峰需求与日俱增，电化学储能及储热越来越难以满足上述长周期、大容量储能需求。与电能和热能不同，氢能可以更经济地实现电能或热能的大规模存储，从而有效解决弃风、弃光、弃水问题，同时保障未来高比例可再生能源体系的安全稳定运行。在传统能源体系中，氢能作为大规模储能介质，也可以有效减少峰谷电带来的电力系统波动问题。

4. 氢能具有丰富的应用场景

电能作为最普遍的二次能源，广泛应用于工业、商业、住宅等固定用能场景，但由于不易存储，电能难以替代汽柴油在汽车、轮船、飞机等机动性强的现代交通工具中扮演的角色。虽然近年来锂离子电池技术的进步推动了电动汽车、混合动力汽车等轻型电气化交通工具的应用，但距离货运、航运、航空等大容量、高能量密度应用仍有差距。氢气的能量密度是汽油的 3 倍以上，完全满足重型运输需要，且由于实现了功率和能量单元的分离，氢能在大功率、高强度、长距离移动应用场景的经济性尤为显著，可充分弥补当前电能应用场景有限的短板。

5. 氢是安全可控的燃料

氢气在空气中燃烧点能量为 0.019MJ，氧气中燃烧点能量仅为 0.007MJ，氢气与空气混合后的燃烧浓度范围为 4%~74%，爆炸浓度范围为 18.3%~59.0%，浓度极限范围宽于汽油与天然气。但这并不意味着氢气比其他气体燃料更危险。由于空气中可燃气体的累积从低浓度开始，因此爆炸下限浓度是影响安全性的更重要的因素。相比之下，氢气爆炸下限浓度明显高于汽油（1.1%）和天然气（5.7%）。此外，虽然氢气燃烧点能量低，但是氢比重低、易挥发、极易扩散，发生事故时影响范围也往往较小。当前氢气已广泛应用于石油化工行业，日本和德国的应用与推广实践也表明，氢能的安全性并不逊色于天然气和汽油。通过强化生产、储运和使用等环节的安全管理，严格执行安全操作规程，完全可以实现氢能的安全利用。

结合上述特点，氢能在电力领域可有效弥补电能存储性差的短板，有力支撑高比例可再生能源发展；在交通领域可降低长距离、高负荷交通对燃油的依赖，彻底实现交通终端用能清洁化；在能源领域可与电力、热力、油气、煤炭等能源品种大范围互联互补，优化能源结构。氢能产业的发展在世界各国越来越受到重视。氢能制、储、运、用相关技术与装备逐步成熟，氢能开发与利用开始具备商业化推广条件。部分发达国家政府已出台氢能发展战略路线，推动氢能产业的发展。

近年来，我国相继发布《“十三五”国家科技创新规划》《能源技术革命创新行动计划（2016—2030年）》等政策文件，将氢能纳入重点发展方向，引导并鼓励发展氢能及燃料电池产业。2019年，国务院首次将氢能写入《政府工作报告》，明确提出“推动充电、加氢等设施建设”。2020年9月22日，习近平主席在第75届联合国大会提出了中国“二氧化碳排放力争于2030年前达到峰值，争取在2060年前实现碳中和”的战略目标，开发和利用好氢能将是实现我国碳中和目标的重要手段。在地方层面，山东、江苏、广东等近10个省区，以及张家口、武汉、如皋、佛山等几十个城市相继发布和氢能相关的政策或规划。在企业层面，能源国企争相布局上游氢能供应体系；社会资本抢滩下游应用市场，上市公司纷纷投资燃料电池和整车产业链。

在产业如火如荼发展的同时，也要认识到我国氢能及燃料电池技术水平与发达国家还存在差距，燃料电池制造及氢能运营成本仍居高位。当前，氢能产业在局部地区已经出现投资过热迹象，需要及时控制。我国在国家层面上对氢能尚没有明确的战略定位，对氢能近中远期支持和发展、氢能发展路线的选择等也没有清晰的意见和规划。本书旨在通过研究分析，对氢能在我国能源体系中的定位进行判断，并结合国情给出国内氢能产业的重点发展方向，最后提出推动我国氢能应用及氢能产业有序健康发展的政策建议。

本书是中国宏观经济研究院基础课题“推动中国氢能产业有序发展的路径及相关政策研究”的主要产出。研究过程中得到了所在单位国家发展和改革委员会能源研究所王仲颖、刘坚、任东明、时璟丽、赵勇强、韩雪、郁聪和符冠云等领导和同事的指导和大力支持，其中刘坚参与撰写了部分内容［第四章第二节“工业”，第四节“储能”；第五章第一节第（二）部分“工业部门”、第（三）部分“建筑部门”，以及第二节第（二）部分“中国氢能供应总体布局”等］，在此表示衷心感谢。同时感谢中国氢能联盟、中国电动汽车百人会等单位对本书内容给予的支持。由于氢能产业尚处起步阶段，产业链长且涉及面广，受本人时间和研究水平所限，本书疏漏之处在所难免，恳请读者批评指正。

钟财富
2021 年 7 月

目　录

第一章　国际氢能产业发展及政策

第二章　国内氢能产业发展及政策

第三章　氢能供应体系技术经济分析

第四章　氢能应用技术经济性分析

第五章 氢能供需展望

第六章 推动中国氢能产业有序发展的思考和建议

第一章

国际氢能产业发展及政策

氢能产业链包括上游制氢，中游氢储运和氢加注，下游氢能应用环节（图 1-1）。当前氢能主要作为工业原料而非能源，未来除了以原料或者能源形式应用于工业和建筑领域外，更重要的将是通过燃料电池发电的方式为燃料电池车、分布式发电提供能量来源，从而实现氢能高效利用。在世界主要发达国家氢能战略、政策的强力支持下，近年来氢能基础设施建设和氢能应用明显提速。

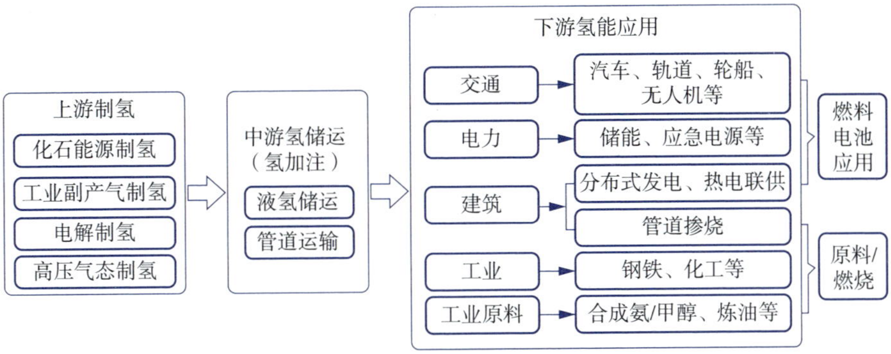

图 1-1　氢能的生产、储运（加注）及应用链条

一、世界主要发达国家氢能产业政策支持情况

在全球应对气候变化和清洁能源转型的大背景下，许多国家都致力于将氢能作为能源转型的重要资源，积极布局推进氢能的发展。早在 20 世纪 70 年代，美国就成功地将燃料电池应用于“双子星五号”太空船和“阿波罗号”宇宙飞船，成为第一个实现氢能技术应用的国家。然而 20 世纪

末期至21世纪初期，因技术、成本等一系列问题，氢能技术的发展在以美国为代表的部分国家和地区近乎停滞。直到2014年日本实现燃料电池技术的突破，再加上主要发达国家陆续提出了越来越富有雄心的碳减排目标，各国构建“氢能社会”的愿景被重拾，氢能也重新受到重视。

目前，日本是氢能发展最为积极的推动者；尽管美国在氢能的研发和应用上处于世界前列，但是其对氢能的态度不断出现反复；欧盟国家的氢能发展一度中规中矩，但在碳中和愿景下，对氢能也日益重视，将其作为实现碳中和目标的重要手段；德、法、意三国在氢能产业化应用上也各有亮点；韩国是氢能领域的后起之秀，近几年在战略制定、研发投入等多方面支持氢能产业链的建设。

（一）日本对氢能发展最为积极

日本致力于打造“氢能社会”，其发展氢能与燃料电池技术的核心驱动力是本国的能源安全。日本作为一次能源极度匮乏的国家，不仅不具备大规模修建光伏、风电、水电的条件，在福岛核电站事故后，核能的推进也是阻力重重。其人口密度大、地域面积小的特点，对氢能的运输以及加氢站的建设都较为有利，因此基于能源安全的考虑，日本很早就开始投入对氢能的技术研发。日本政府致力于以发展氢燃料电池汽车与家用燃料电池为突破口，带动氢能及可再生能源快速发展，减少传统能源对外依存度，同时为国家制造产业升级指明重点与方向，稳固日本制造在世界上的领先地位，以期将日本建设成为全球第一个实现环境友好型可持续发展的“氢能社会”国家。

为达到以上战略目标，日本政府相继发布了《凉爽地球——能源技术创新计划》《能源战略规划》《下一代汽车发展战略2010》《汽车产业发展战略2014》《国家能源基本计划》《制造业白皮书》《日本复兴战略》《2050年能源与环境创新战略计划》《氢能及燃料电池技术路线图》《NEDO氢能源白皮书》等发展战略。尤其是2011年以后，日本加快了氢能与燃料电池的发展步伐。2013 年，安倍政府推出《日本再复兴战略》，把发展氢能提升为国策，并作为日本“复兴战略”的重点加以推进，同时启动加氢站建设的前期工作。2014 年，日本政府再次修订《日本再复兴战略》，发出建设“氢能社会”的呼吁，并在第四次《能源基本计划》中，将氢能定位为与电力和热能并列的核心二次能源。此外，在日本经济贸易产业省对外公布的《氢能及燃料电池战略发展路线图》中，日本提出了三步走实现“氢能社会”的发展路线图（图 1-2）。2015 年，安倍在施政方针演说中表达了实现“氢能社会”的决心，并由日本新能源产业技术开发机构（The New Energy and Industrial Technology Development Organization，NEDO）出台氢能白皮书，将氢能定位为日本国内发电的第三支柱。2017 年，日本政府进一步发布了“氢能基本战略”，确定了 2030 年的具体行动计划以及 2050 年氢能社会的建设目标。

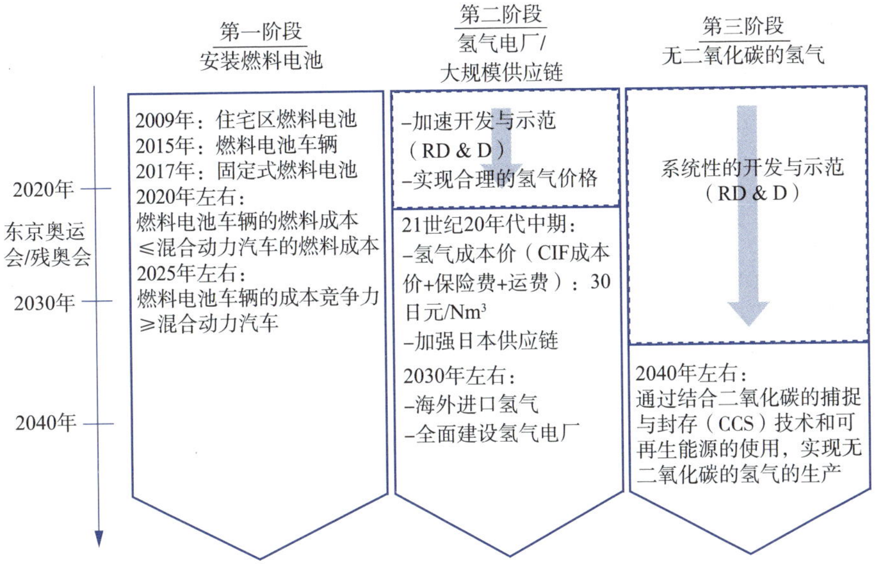

图 1-2 日本实现“氢能社会”的发展路线图

资料来源：NEDO，氢能及燃料电池战略发展路线图，2014 年。

除了国家战略外，日本企业对燃料电池的产业化建设也十分积极。早在20世纪90年代，丰田、日产和本田等汽车制造商便启动了燃料电池车的开发，同时三洋电机、松下电器和东芝公司也启动了家庭燃料电池的开发。2015年10月15日，丰田汽车对外公布《丰田环境挑战2050》（图1-3）。丰田计划于2020年以后，丰田燃料电池车（Fuel Cell Vehicle，FCV）在全球的年销量达到3万辆以上；但从实际销量来看，受产能限制以及高成本等制约，截至2020年底累计销量仅突破1万辆，年销量在3000辆以内(图1-4)。在燃料电池大巴（Fuel Cell Bus，FCB）方面，2016年内以东京为中心引进FCB，为2020年东京奥运会及残奥会预备100多辆FCB。此外，2050年全球新车平均行驶过程中CO_2的排放量与2010年相比下降90%。

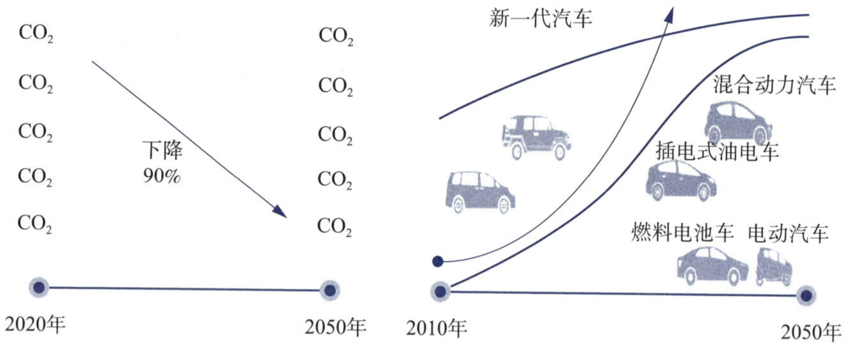

图1-3 《丰田环境挑战2050》图示

资料来源：丰田，丰田环境挑战2050，2015年。

在资金支持上，日本政府向NEDO投入大量的专项科研经费，以支持氢能和燃料电池的技术研发。据悉，日本在过去的40年间先后投入了数千亿日元用于氢能和燃料电池的研究，主要研究领域包括磷酸燃料电池（Phosphoric Acid Fuel Cell，PAFC）、固体氧化物燃料电池（Solid Oxide Fuel Cell，SOFC）和固体高分子燃料电池（Polymer Electrolyte Fuel Cell，PEFC）。除燃料电池之外，NEDO还进行与氢能利用相关的技术研发，并以东京、名古屋、大阪和福冈为中心，建成约100座加氢站。此外，NEDO也对氢发电技术以及制氢、储氢、运氢等与氢全产业链相关的新技

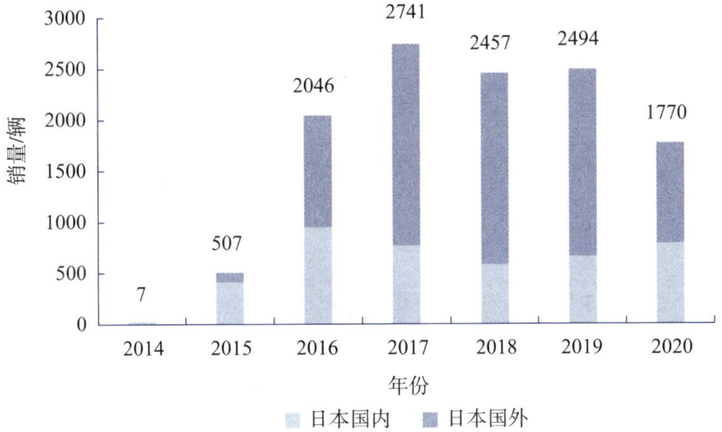

图 1-4　丰田燃料电池汽车实际销量

资料来源：根据丰田公开数据整理。

术进行研发。目前，日本氢能的发展走在世界的最前列。

（二）美国对氢能的支持力度有所反复

长期以来美国积极进行氢能与燃料电池领域关键技术的开发。美国最先提出“氢经济”的概念，也是第一个实现氢能技术应用的国家。1965 年，固体高分子燃料电池正式应用于美国“双子星五号”太空船；同年，通用公司（General Motors，GM）启动了燃料电池车的研发。1968 年，强碱性燃料电池应用于美国“阿波罗号”宇宙飞船。小布什政府期间，发布的《美国国家能源政策报告》《美国向氢经济过渡的 2030 年远景展望》《美国国家氢能发展路线图》和“总统氢燃料倡议”指出，氢能是未来美国能源发展的主要方向，发展氢能是保障美国国家能源安全的重要举措，应当走以氢能为能源基础的经济发展道路，逐步向“氢经济”时代过渡。《氢能技术研究、开发与示范行动计划》《2005 年能源政策法》《先进能源倡议》《氢立场计划》等先后发布标志着美国国家氢能计划的深化。奥巴马政府期间，尽管减少了支持力度，但氢能燃料电池技术仍是其能源战略的重要组成部分，是实现具备全球清洁能源市场竞争力、提高国内就业率和推动经济发展的重要技术手段之一。2013 年，美国启动“H_2 USA”项目计划，标志着美国政府氢能与燃料电池汽车在能源、科技与经济发展中的重要战略地位。2015 年，美国能源部（United States Department of Energy，DOE）提出大规模融合氢能（H_2@Scale）的能源系统概念，致力于实现大规模应用氢能的能源系统。美国未来大规模应用氢能的能源系统如图 1-5 所示。

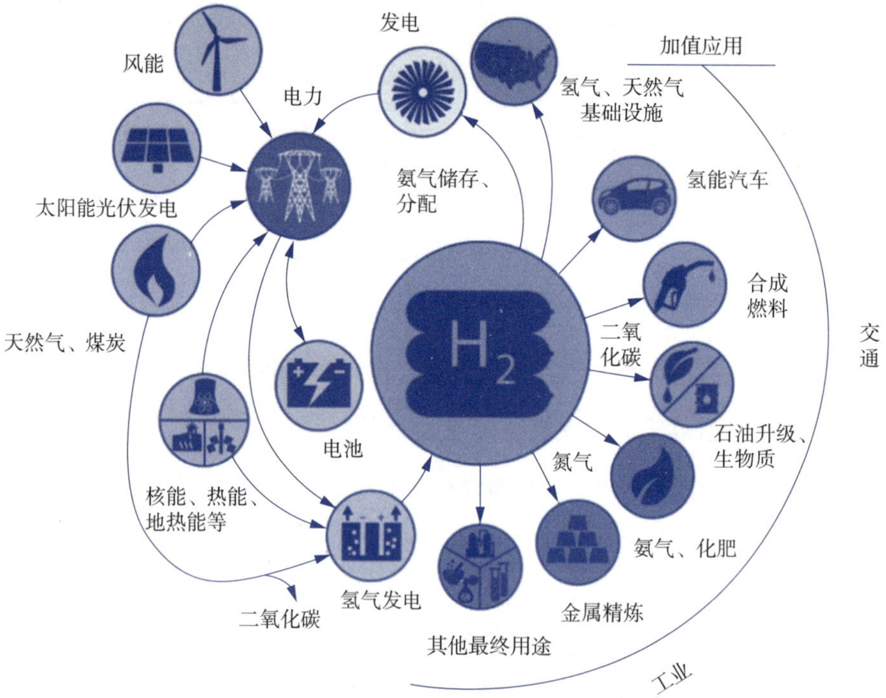

图 1-5　美国未来大规模应用氢能的能源系统

资料来源：DOE。

美国国家氢能计划的实施以美国能源部为主导，投入大量的研究资金，主要用于解决氢能产业所面临的技术难题，使美国氢能技术在世界上保持着技术优势。尤其是在小布什政府期间，DOE 关于氢能技术项目的预算达到高峰，2008 年达到 2.67 亿美元①。这样的技术积累也使得美国到目前为止仍然在氢能技术研发上处于世界前列，无论是氢气生产和储运、加

① 数据来源：美国能源部网站。

氢站建设，还是在燃料电池车的应用方面，美国都占据技术优势。但是2009年以后，奥巴马政府的时任能源部长朱棣文认为氢燃料电池技术的大规模应用在短期内无法同时达成四个必需的突破，即氢的非天然气生产、高密度储藏、配送基础设施和燃料电池的价格无法实现突破。他认为氢能离商业化太远，因此转而大力推动动力电池新能源汽车。自此，氢能的热度在美国开始降低，联邦层面的支持力度有所下降，美国能源部相应削减了燃料电池相关的研究预算。到了特朗普执政期间，政府更为青睐传统的化石能源，对氢能的支持主要限于能源部提供资金支持燃料电池相关的关键技术研究。尽管如此，DOE仍然保持了每年1亿美元以上的支持资金投入，用于氢能和燃料电池项目研发，2004—2019年，DOE氢能与燃料电池计划项目资助情况如图1-6所示。此外，政府还通过一系列措施，间接地促进企业研发，尤其是政府通过向消费者提供税收减免和经济补贴，支持燃料电池技术的应用。2019年，美国燃料电池协会发布了《美国氢能经济路线图》，介绍了美国如何通过决策者和工业界共同努力，扩大其在迅速兴起和发展中的氢经济领域的活动，从而扩大其在全球能源领域的领导优势。

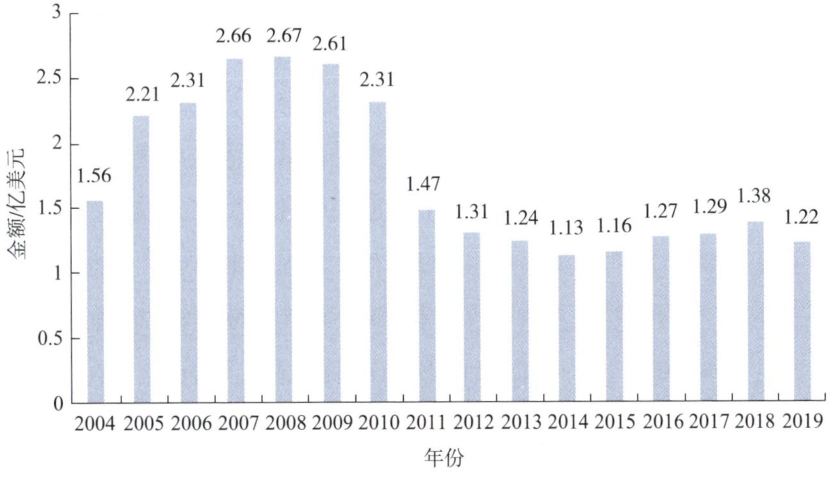

图1-6　2004—2019年DOE氢能与燃料电池计划项目资助情况

资料来源：根据DOE公开数据整理。

除了联邦政府的支持政策外，部分地方政府，尤其是加利福尼亚州政府保持了对氢能较大的支持力度。加利福尼亚州通过一系列立法，直接通过购车补贴（5000美元/辆）、加氢补偿（企业三年免费加氢等）等方式大力推广燃料电池汽车，在美国销售的燃料电池乘用车基本都在加利福尼亚州。

（三）欧盟国家对氢能发展愈加重视

欧盟以实现2050年低碳经济、新能源战略为最终目标，推动氢能和燃料电池的发展。欧盟出台了《2030年气候和能源政策框架》《2050年低碳经济战略》《可再生能源指令》《新电力市场设计指令和规范》等政策，提出将氢能作为能源系统的重要组成部分。欧盟一直致力于发展氢能与燃料电池产业，2002年成立了“氢燃料和燃料电池技术”高级研究小组，并在2003年制定了“欧盟氢能和燃料电池发展路线图”。欧盟对氢能和燃料电池研发与推广的资金主要是在框架项目（Framework Program，FP）、欧盟燃料电池与氢联合行动计划项目（FCH JU）、地平线2020（HORIZON 2020）的支持下获取的。“联合计划行动”中，计划实现具有世界水平的欧洲氢能/燃料电池系统和部件在交通、固定和移动动力方面的开发和部署。最终目的在于使低成本、清洁、高效的氢能作为能源系统的一部分，为能源供应、可持续发展、低碳固定和交通运输技术研发提供解决方案。2020年7月8日，欧盟委员会通过了《欧盟氢战略》。该战略中提到氢能是支持欧盟2050年实现碳中和的必要条件，特别是来自可再生能源驱动水电解产生的“绿色氢”，将弥补可再生能源不足而使欧盟能源完全脱碳的差距，来自天然气脱碳、需要捕获和存储CO_2副产品的“蓝色氢”在短期和中期内将作为过渡方案。《欧盟氢战略》中提出到2024年要安装600万kW的电解设施，产生100万t“绿色氢”；到2030年要安装4000万kW的电解设施，产生1000万t“绿色氢”；到2050年所有氢都是“绿色氢”，而且25%的可再生能源用于电解氢。考虑到目前欧洲电解设施生产能力远低于100万

kW/a，要达成这一目标，需要大幅提升其生产能力或加大进口量。《欧盟氢战略》预计到2030年将需要投入240亿~420亿欧元，到21世纪中叶将需要投入1800亿~4700亿欧元①。

在欧盟国家中，德国、法国、意大利在氢能及燃料电池产业化方面走在前列。德国是较早实现氢能应用的国家。德国提出氢能与燃料电池、可再生能源相互融合发展，在可持续能源系统与低碳经济中扮演重要角色。与日本不同，德国并不存在严重的能源匮乏问题。但是，由于德国是世界汽车强国，为了满足日益严格的国际尾气排放标准，德国政府致力于加氢站的建设，从而推动其汽车制造从传统内燃机型汽车向氢能汽车转型。1994年，德国戴姆勒公司推出了第一代燃料电池汽车 NECAR 1。2006年，德国政府和产业资本为了积极推动氢能基础设施发展和建设，牵头成立了国家全资公司德国国家氢能与燃料电池技术组织（National Organization Hydrogen and Fuel Cell Technology，NOW GmbH），以支持氢能经济的初期发展。2015年，德国又成立 H_2 Mobility 公司，主要是为燃料电池车在全国打造氢能基础设施，并为燃料电池车在德国的发展提供良好环境。在资金上，德国启动"氢能和燃料电池技术国家创新计划"，并通过第一期（2006—2016年）计划，募集了14亿欧元资金用于氢能项目开发。第一期计划实施之后，德国燃料电池产业链实力大幅增强，在燃料电池的供应和制造方面排在全球第三位，仅次于日本和美国。该计划的第二期（2016—2026年）也已经获得联邦政府的批准，重在解决燃料电池产业化的相关问题以及建立融合氢能的综合能源系统，如图1-7所示。2020年6月10日，德国内阁通过了《德国国家氢能战略》，德国和欧盟的氢能战略总体上一脉相承，该战略体现了德国希望通过发展氢能尽快实现能源转型的决心，

① Morgan Lewis，EU hydrogen strategy upgrades green hydrongen from pipe dream to reality，https：//www.morganlewis.com/pubs/eu-hydrogen-strategy-upgrades-green-hydrogen-from-pipe-dream-to-reality.

以及德国力图成为全球氢能技术领导者的雄心。该战略中提到发展氢能是脱碳战略中深度减排的核心部分，且具有长期可持续性。因此德国将积极开发氢能技术，在降低成本的基础上先后开拓国内和国外市场，从而占据全球氢能领先地位。在 2020 年 6 月 4 日通过的一揽子经济复苏计划中，德国预计投入 90 亿欧元用于发展氢能，其中 70 亿欧元用于氢技术的市场拓展，20 亿欧元用于建立国际合作伙伴关系①。法国和意大利在氢能产业化应用上也各有亮点：2016 年，法国阿尔斯通公司推出世界首款氢燃料电池客运列车，并于 2018 年 9 月在德国正式投入运营；2018 年，意大利宾尼法利纳公司设计的氢燃料电池超级跑车 H_2 SPEED 量产车型于日内瓦车展亮相。

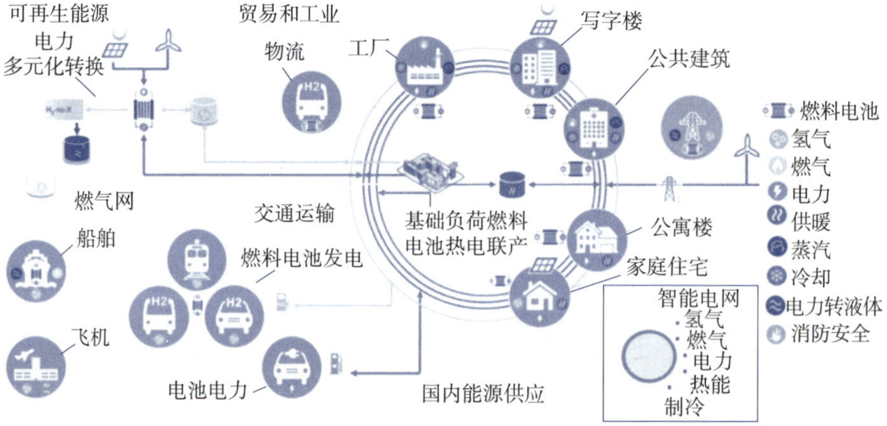

图 1-7　德国融合氢能的综合能源系统（NIP 2016—2026）

资料来源：NOW GmbH。

（四）韩国是氢能领域的后起之秀

近几年来，韩国政府在税收抵免、补贴支持以及研发投入等多方面支持氢能产业链的建设。2018 年 6 月，韩国政府发布《氢燃料电池汽车产业生态战略路线图》，旨在尽快建立氢能产业生态系统，以推动氢能燃料电

① Clean Energy Wire, Germany's National Hydrogen Strategy, https://www.cleanenergywire.org/factsheets/germanys-national-hydrogen-strategy.

池汽车普及。根据该路线图，韩国计划到 2022 年实现推广燃料电池汽车 1.6 万辆、建设加氢站 310 座的目标。2019 年 3 月，韩国科学和信息通信技术部宣布将与经济和财政部、贸易工业能源部、环境部、土地部、基础设施和运输部以及海洋和渔业部合作制定氢能经济技术路线图。2019 年 1 月，韩国政府发布《氢能经济发展路线图》，该路线图将氢燃料电池汽车和氢燃料电池作为韩国氢能产业未来发展的重点领域，希望韩国能成为世界氢能经济领先国家，到 2040 年将创造出 43 万亿韩元的年附加值和 42 万个就业岗位。为实现上述目标，韩国政府将重点在氢燃料电池汽车，加氢站，氢能发电，氢气生产、存储和运输，安全监管等方面采取措施。在氢燃料电池汽车方面，韩国政府计划到 2022 年将年产量提升至 8.1 万辆，到 2025 年提升至 10 万辆，并将氢燃料电池汽车的售价降至 2019 年水平的一半，即 3000 万韩元左右。同时韩国政府也将在公共交通领域推行氢燃料电池巴士，并逐步在公共领域使用氢燃料电池垃圾车等。在氢燃料电池方面，韩国政府计划到 2040 年发电用氢燃料电池装置的总发电量达到 1500 万千瓦，家庭用及建筑用氢燃料电池发电装置的总发电量达到 210 万千瓦[①]（表 1-1）。各部门将细分每个类别以提出技术分类，并且将在每个细分中进行技术诊断和专利分析。此外，7 个部门还将准备短期、中期和长期的研发战略和计划，并分析相关技术的早期应用场景。

表 1-1　韩国《氢能经济发展路线图》主要目标

年份	氢燃料电池汽车/万辆	燃料电池/兆瓦		加氢站/座	氢供给/（万吨/年）	氢价格/（韩元/千克）
		发电用	家庭、建筑用			
2018	0.18	307	7	14	13	8000
2022	8.1	1500	50	310	47	6000
2040	620	15000	2100	1200	>526	3000

① 人民网，韩国发布氢能经济路线图，http：//ip. people. com. cn/n1/2019/0121/c179663-30580033. html.

二、全球氢能和燃料电池产业发展现状

（一）燃料电池技术达到商业化推广的要求，在交通及分布式发电领域初具应用规模

燃料电池技术是氢能清洁利用与氢能产业发展的关键。氢气虽然在目前大部分作为原料用于传统的工业领域，但是从增量上来看，氢能未来的主要用途是作为二次能源，以氢燃料电池为核心，实现在交通、分布式发电及热电联产等领域的应用。氢能的应用场景具有很强的多样性，如未来能够形成电力、供热和燃料相互交叉的应用网络，将大幅降低其使用成本。氢燃料电池是将氢气与氧气的化学能通过电化学反应直接转换成电能的发电装置，是氢能转换为电能和热能的主要媒介，具有无污染、零排放、能量转化效率高（超过 50%）、输出功率灵活等优点，是实现氢能高效利用的关键①。

质子交换膜燃料电池是当前燃料电池的主流。氢燃料电池技术历经数十年发展，根据电解质的不同形成了五种不同的电池，即碱性燃料电池（Alkaline Fuel Cell，AFC）、磷酸燃料电池（Phosphoric Acid Fuel Cell，PAFC）、熔融碳酸盐燃料电池（Molten Carbonate Fuel Cell，MCFC）、固体氧化物燃料电池（Solid Oxide Fuel Cell，SOFC）和质子交换膜燃料电池（Proton Exchange Membrane Fuel Cell，PEMFC）。各类燃料电池都有适合的应用场景。其中，SOFC 在分布式供能方面更具发展优势。由于 PEMFC 具有环境适应性好、启动速度快、工作温度低、移动特性优等特点，在所有燃料电池中技术最成熟，适用于各类交通或分布式发电等应用场景，已成为燃料电池发展的主流。

通过政府和企业长期的研发和投入，以 PEMFC 为代表的燃料电池电堆与系统在技术上持续进步，成本大幅降低，包括功率密度、寿命、冷启

① 中国氢能联盟，中国氢能源及燃料电池产业白皮书，2019 年。

动技术等关键问题已基本解决，初步具备了规模化推广的基础①。从 2015 年开始，氢能和燃料电池的产业化应用明显提速。2015 年以来，燃料电池装机量年均保持约 30%的增长率，2019 年装机容量超过 110 万 kW，其中交通运输类装机容量占比为 80%，这也是燃料电池装机容量首次超过 100 万 kW②。虽然 2020 年增速有所放缓，但仍然保持增长。尽管氢能应用的规模总体来看仍然很小，但氢燃料电池汽车、分布式发电、氢燃料电池叉车以及应急电源的应用已进入产业化初期阶段。2012—2020 年燃料电池在不同应用领域的出货量如图 1-8 所示。

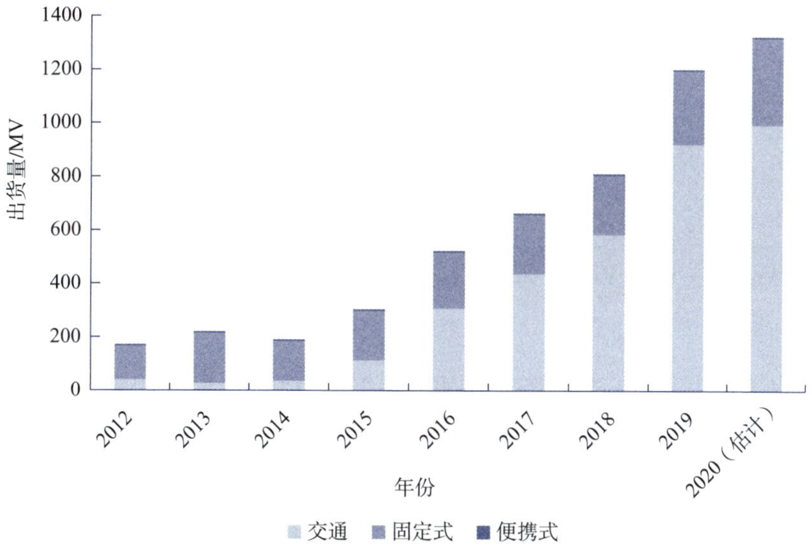

图 1-8　2012—2020 年燃料电池在不同应用领域的出货量

数据来源：E4tech，2020 年燃料电池行业回顾，2021 年。

交通领域燃料电池技术进步和应用增长最为明显。2014 年以来，丰田、本田、现代先后推出 Mirai、Clarity、NEXO 氢燃料电池汽车，其最大输出功率均已超过 100kW，一次加注氢气只需 3~4min，续航 500~800km，

① 国际氢能理事会，氢能：如日方升，2018 年。
② E4tech，2019 年燃料电池行业回顾，2020 年。

主要指标均与汽油车大体相当，如表 1-2 所示。燃料电堆功率密度大幅提升，国际先进水平已达到 3kW/L，超过美国能源部 2020 年规划指标要求；燃料电池系统性能得到全面改善与提升，乘用车系统使用寿命达到 5000h，商用车达到 10000h，满足商业化的基本需求。燃料电池系统冷启动温度已经达到-30℃。从丰田、本田、奔驰和现代等巨头在燃料电池车型方面取得的最新进展来看，燃料电池乘用车在技术方面已经初步成熟，且在续航里程、加氢时间、能量密度、环保特性等多方面体现了鲜明特色。目前国际上燃料电池产业链各个环节均已初步实现产业化，性能和质量都已达到商业化要求[①,②]。成本也在技术突破和规模化的驱动下，相比 2008 年下降超过 80%。虽然燃料电池乘用车 2020 年实际成本仍大约在 40 万元以上，但是已经可以认为其初步具备了在高端车型细分领域和当前动力电池乃至燃油乘用车竞争的实力。如图 1-9 所示，2020 年全球共销售氢燃料电池汽车约 9006 辆。截至 2020 年底，全球氢燃料电池汽车保有量为 32535 辆。2019 年之前，丰田 Mirai 占据销量的绝大部分，丰田 Mirai 在 2019 年全球产量突破 10000 辆，超过一半在美国加利福尼亚州售出（全美超过 6500 辆燃料电池汽车上路，绝大部分在加利福尼亚州），其次是日本。韩国现代 NEXO 颇有后起之秀反超之势，韩国现代的氢燃料电池车 NEXO 在 2019 年开始力压丰田成为新的销量冠军，截至 2020 年 9 月的销量就已经超越 2019 年整年销量，市场规模不断攀升。韩国成为 2020 年全球最大的氢燃料电池汽车销售市场，销量达 5823 辆，同比增长 39%，占当年全球销量的 65%。现代汽车 NEXO 自 2018 年上市以来，在韩国累计销量突破 10000 辆大关，成为全球首款在单一国家销量过万的氢燃料电池车型。丰田 Mirai 虽然失去了保持多年的销量冠军，但其第二代 Mirai 于 2020 年 12 月正式上市，输出功率有所提升，达到 128kW，电堆体积功率密度则由 3. 1kW/L 大

① IEA，Technology Roadmap Hydrogen and Fuel Cells，2015 年。

② IIEA，The Future of Hydrogen，2019 年。

幅提升至 4. 4kW/L，超越巴拉德开发的 4. 3kW/L 的燃料电池电堆体积功率密度，再次领先全球；储氢罐由 2 个增至 3 个，储氢量提升 20%，续航里程提升至 850km，较上一代车型提升约 30%。与此同时，新车在日本地区的售价从 740 万日元降至 710 万日元（约合人民币 45 万元），享受日本环保车补贴后，最低售价为 570 万日元（约合人民币 36 万元）。根据丰田规划，Mirai 新款车型上市后，其年产能将由 3000 辆提升至 30000 辆，储氢罐、燃料电池电堆的生产规模将同步扩大。表 1-2 为高性能燃料电池乘用车参数比较。

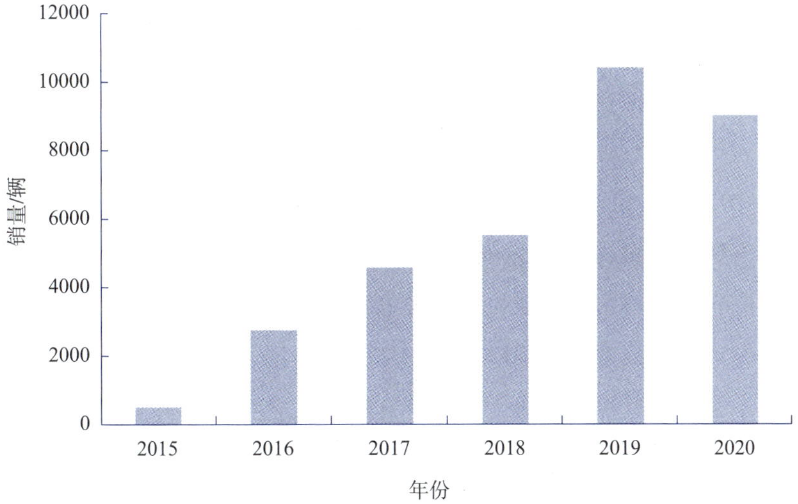

图 1-9　全球燃料电池汽车销量

资料来源：根据公开数据整理。

表 1-2　高性能燃料电池乘用车参数比较

技术参数	丰田 Mirai	本田 Clarity	奔驰 GLC F-Cell	现代 NEXO（2019 款）
官方续航里程/km	502	589	437	805
百公里加速/s	9. 6	8. 8	15	9. 5
储氢重量/kg	5	5	4. 4	6. 33

续表

技术参数	丰田 Mirai	本田 Clarity	奔驰 GLC F-Cell	现代 NEXO（2019 款）
百公里氢耗/kg	0.996	0.849	0.97	0.79
燃料电池发电功率/kW	114	103	—	95
电机最大功率/kW	114	130	147	120
电机最大扭矩/Nm	335	300	350	395
整车空间/座	4	5	5	5

资料来源：公开数据收集。

国外在燃料电池客车、重型运输领域推广力度相比于乘用车和叉车较小。但是随着公路交通运输减排要求的提高，以及纯电动无法满足重型运输续航里程的需求，以氢燃料电池为动力的公交巴士、重型卡车与轨道交通等成为氢能交通应用领域的一个新的业务增长点。和燃料电池乘用车相比，商用车的技术门槛较低，这主要表现在商用车空间充裕，对电堆功率密度要求较低，而且储氢瓶内压力也可以较低（35MPa 即可满足需求）等方面。燃料电池商用车仅依靠加装储氢瓶即可实现长续航里程。各国纷纷开始在燃料电池重型运输领域示范与部署。美国进行公交巴士示范的历史最久，主要在加利福尼亚州，很早就开展了在公交巴士领域的示范。美国能源部支持各种中型车的示范，包括机场地面支持车辆、联邦快递货车、尼桑 NV200 型货车等在内的 56 种中型车。2016 年 7 月，美国加利福尼亚州“可持续货运行动计划”公布，其目的是建立零排放、运转效率高的货运系统。该计划要求到 2030 年部署超过 10 万辆燃料电池货车。美国专攻电动和燃料电池商用车的尼古拉汽车公司成为资本市场的明星企业，2016 年底推出了 Nikola One 氢燃料电池概念卡车，6 个电动机可输出 750kW 峰值功率和 2712Nm 的扭矩，续驶里程超过 1000km。迄今为止该公司发布了三款开发中的燃料电池重卡车型，虽然截至 2021 年中产品仍未下线，但是凭借超过 100 亿美元的预购订单，2020 年的市值一度超过福特。日本丰田于 2017 年发布 Alpha 氢燃料概念重卡，并在美国长滩、洛杉矶港测试及真实操作，其峰值功率达到 500kW，峰值扭矩 1796Nm，续驶里程达到 320km；2018 年 8 月又展示了第二代 Beta 氢动力卡车，功率与扭矩与上一代相同，但通过改进燃料电池系统，估计可使其续驶里程提高到 770km。丰田 Sora 客车搭载了与丰田 Mirai 相同的 TFCS 燃料电池系统，动力总成包括两个 114kW 的燃料电池组和双电机驱动，电机最大功率为 113kW，搭载总容量达 600L 的 10 个储氢瓶，在东京奥运会进行示范运行。欧洲通过 FCH JU 项目支持燃料电池巴士的运营，意大利、英国、德国、丹麦和拉脱维亚的 9 个城市，在 10~30 个公交巴士车队中共有 142 辆燃料电池巴士。欧洲最大的两家商用车制造商戴姆勒与沃尔沃集团，于 2020 年 4 月宣布，在年底之前通过合资公司共同研发燃料电池商用车。戴姆勒将燃料电池技术完全押在商用车领域。韩国现代汽车公司独立研发的燃料电池卡车 H_2 Xcient 自 2020 年 2 月起进行路试，并预计当年交付 46 辆该车型给瑞士当地物流企业，德国签署了 14 列火车的订单。

除了移动交通领域，以日本为代表，在国际上大力发展氢能和燃料电池在固定式发电领域的应用。日本是微型分布式热电联供系统全球最大的市场。日本家用燃料电池 Ene-Farm 项目是世界上最大的微型燃料电池分布式电站示范项目，项目始于 2009 年。该系统采用热电联产模式，系统综合效率目前超过 95%，700W 功率可基本满足一般家庭 60%~90%的用电需求。该项目从前期研发到示范推广都持续获得了日本政府的大力支持。产品最初价格为 303 万日元，日本政府补贴每套 140 万日元或者制造成本的一半。随着销售量增加和技术升级，制造成本逐渐降低，补贴力度也随之呈阶梯式减少。截至 2019 年底，已有约 32 万户日本家庭购买了 Ene-Farm 系统，主机价格平均降至不到 100 万日元，如图 1-10 所示。十年售价累计降幅约 70%，政府补贴也大幅下降，只有 SOFC 还给予相对较高的补贴，但单套补贴强度最高也只有 8 万日元。日本政府原计划在 2020 年累计部署 140 万台家用燃料电池热电联产系统，并全面取消补贴，从实际情况来看，这一目标基本无法实现。

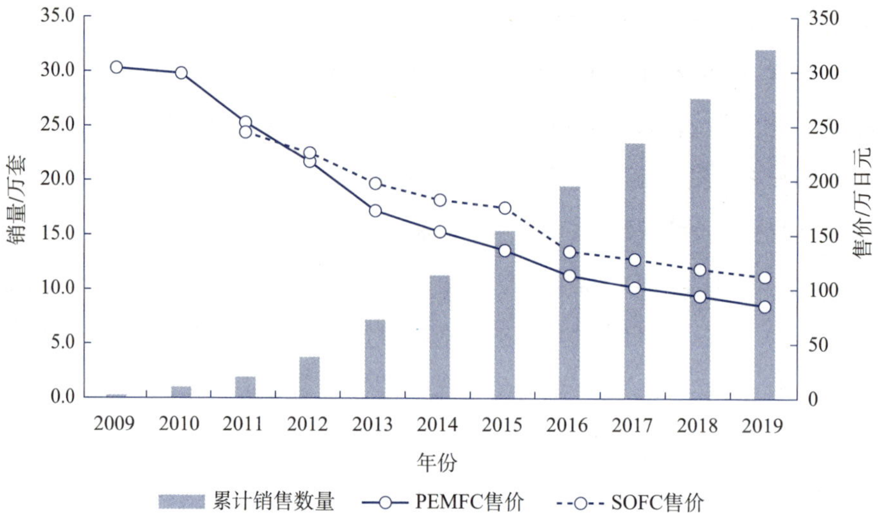

图 1-10　Ene-Farm 在日本的销量及价格变化

资料来源：根据公开资料整理。

在全部安装的机组中 PEMFC 占比远超过 SOFC，主要是因为早期 SOFC 成本要高得多，随着 SOFC 成本快速下降，其占比不断得到提升。由于高纯氢气不易运输、成本较高，目前近 90% 的产品采用城市天然气，10%采用液化石油气作为燃料。系统运行时，燃料经内部重整为合成气，PEMFC 还需进一步提纯为高纯氢气，然后输入燃料电池中发电，产生的热水供家庭洗澡和地暖使用。通过多年的研发投入，技术参数得到迅速提升，松下生产的 700W 的 PEM 热电联产系统累计销量占据了日本市场的一半，并且已经发展到了第五代，发电系统效率可达 39%，使用寿命也从之前的 70000h 提升至 90000h，单套成本也降低到接近 80 万日元，对此目标价格，政府不再补贴；而 SOFC 热电联产系统成本相对较高，但发电效率高达 52%，寿命大于 40000h。从年度销量来看，爱信精机生产的 SOFC 与松下生产的 PEMFC 系统并驾齐驱。近年来，除了家用微型系统外，日本也开始启动燃料电池热电联产系统在商业建筑的应用推广。2018 年底，松下发布了基于 PEMFC 的 5kW 氢燃料电池发电系统，电效率为 57%。东芝

推出了 H_2Rex 系列系统，从 700W 到 3.5kW 再到 100kW（使用多个 3.5kW 模块），用于零售店和酒店等小型商业。2019 年 6 月，日本三浦株式会社宣布将于 10 月推出与英国 Ceres Power 合作开发、针对商业建筑领域的 4.2kW 热电联产产品 FC-5B，其发电效率为 50%，热电联产效率为 90%。

与日本专注于微型系统不同，美国和韩国着力于开发功率在百千瓦至兆瓦级的大型燃料电池分布式发电站系统，主要厂家的燃料电池固定式电站产品见表 1-3。得益于创新机制的激励和政策扶持，美国的大型固定燃料电池分布式发电站的应用发展最为迅猛。美国 Bloom Energy 公司为用户提供 200kW 至兆瓦级的分布式供电方案，系统初始发电效率高达 53%~65%。截至 2020 年上半年，Bloom Energy 公司在全球部署运行了近 500MW 的发电系统，且在过去 10 年中发电量超过 160 亿 kW·h，为包括苹果、谷歌、eBay、Adobe、Intel 等的数据中心，沃尔玛、宜家、梅西百货、摩根士丹利、美国国防部等的商场和办公楼，以及 AT&T、Fedex 等的移动基站和集散中心提供几百千瓦级的、24 小时不间断分布式电源。在 2019 年经历了企业“生死考验”的美国 Fuel Cell Energy 公司，主要生产百千瓦级的 SOFC 系统和兆瓦级的 MCFC 分布式热电联供系统，已在全球安装了超过 300MW 的分布式电站设备。

表 1-3 主要厂家的燃料电池固定式电站产品

生产商	产品	类型	输出功率
Ballard	ClearGen	PEMFC	0~500kW
Bloom Energy	ES-5700	SOFC	200kW
	ES-5710	SOFC	250kW
	UPM-570	SOFC	160kW
	UPM-571	SOFC	200kW
Doosan Fuel Cell American	Pure Cell System Model 400	PAFC	400kW
Fuel Cell Energy	DFC300	MCFC	300kW
	DFC1500	MCFC	1400kW
	DFC3000	MCFC	2800kW

续表

生产商	产品	类型	输出功率
富士电机	FP-100i	PAFC	100kW
Hydrogenics	兆瓦级电厂	PEMFC	1MW

资料来源：根据公开资料整理。

韩国也在大力推行大型燃料电池分布式电站，主要通过收购或联合开发方式从北美和欧洲获得先进技术。2012 年，LG 公司收购了劳斯莱斯的燃料电池系统项目，成立了 LG Fuel Cell Systems 公司，致力于 250kW ~ 20MW 级的 SOFC 分布式发电系统的研发和推广。该公司已实现了以天然气为燃料的 200kW 加压 SOFC 系统示范，直流发电效率可达 60%。浦项能源 POSCO 入股 LG Fuel Cell Energy 公司后，在韩国建造了 18 个共 170MW 的商用燃料电池电站，其中单机功率最大的 58MW 燃料电池电站在京畿道华城安装。斗山集团 Fuel Cell 以燃料电池技术为基础，构建了从发电领域到住宅领域的全套产品生产线，主要产品包括用于商业建筑和住宅的 600W、1kW、5kW、10kW 功率的 PEMFC 燃料电池，以及用于工商业的 400kW 的磷酸燃料电池（PAFC）产品，发电效率达 42%，热效率达 52%，全球累计销售上百套产品，累计发电 20 亿 kW · h。

除了燃料电池技术的进步外，氢能基础设施网络建设是燃料电池获得成功应用的关键。世界主要国家均已出台和发布氢能基础设施建设规划，加速推进氢能基础设施建设。2020 年底，正在运行的加氢站数量接近 600 座，其中欧洲占 36%，亚洲占 50%，剩下的 14%位于北美洲。2020 年全球共有 107 座加氢站新投入运营，其中，欧洲 29 座（其中德国 14 座），亚洲 72 座（其中韩国 26 座、日本 28 座），北美洲 6 座（图 1-11）①。同时，正在筹划建设中的加氢站数量超过 225 座。日本是全球第一个加氢站数量达到 100 座以上的国家，已经接近 105 座，其次是德国，约 80 座，再次是美

① 数据来源：H_2 stations，其中关于中国的数据与国内统计的标准不一致。

国，75 座（其中一半位于美国加利福尼亚州）。沙特阿拉伯和马来西亚都于 2019 年建成了第一座加氢站。

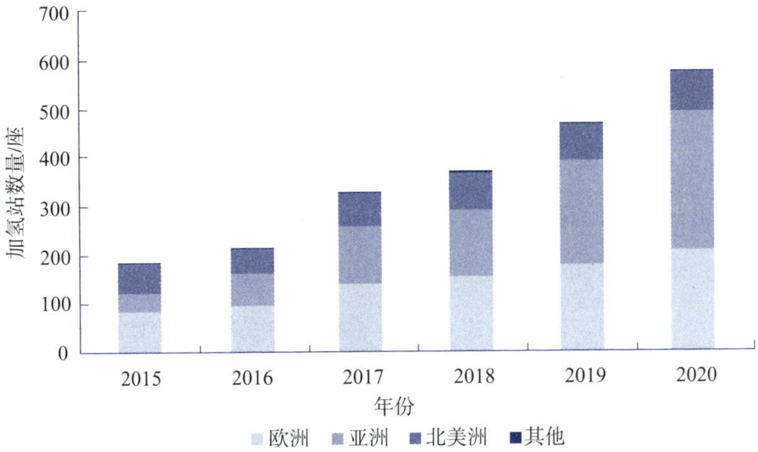

图 1-11 近几年全球各主要地区加氢站累计数量变化

数据来源：H_2 stations。

根据各国氢能基础设施的建设规划，未来 5~10 年，全球氢能基础设施建设将发生跃变：日本预计到 2025 年将拥有加氢站 320 座，2030 年达到 900 座。德国到 2023 年将建成加氢站 400 座。

（二）氢能在其他领域的应用示范不断开展

在轨道交通领域，国内外轨道交通装备制造商正积极开展燃料电池在轨道交通车辆上的应用研究与示范运营，其中以有轨电车和轻轨列车的研究应用最为成熟。2002 年，由美国能源部、美国车辆工程有限责任公司和燃料电池推进协会联合开发了首台质子交换膜燃料电池动力矿用机车样车，采用两个燃料电堆串联，提供 126V 电压和 135A 电流，净功率达 17kW。2007 年，美国伯林顿圣太菲铁路公司与美国车辆工程公司开始研制燃料电池与铅酸电池混合动力调车机车，样车 2009 年下线，并于 2010 年进行运营试验，整备重量 130t，暂态牵引功率可达 1500kW，质子交换膜燃料电池持续功率可达 240kW，14 个 35Mpa 高压储氢气瓶存储 68kg 氢气，可供机车连续运行 11h，燃料电池机车的应用有效减少了污染物排放，保障铁路运输的可靠性。东日本铁路公司 2007 年与日本铁路技术研究协会联合开发了世界首列燃料电池/蓄电池混合动力动车组，车辆装载两台 65kW 质子交换膜燃料电池和 19kW · h 的锂离子电池，6 个 35Mpa 气瓶存储 720L 氢气，可行驶 100km，列车在长野地区商业线路上完成了燃料电池发电效率、里程及运行安全等的运营测试。欧洲从 2004 年开始成立了氢创新和研究中心，研究燃料电池客运列车。法国阿尔斯通公司推出氢能燃料电池轻轨列车 Coradia iLint，搭载两台 198kW 燃料电池系统，并配备了两组 111kW 的锂电池，可搭载 300 名乘客，最高速度达 140km/h，行驶里程达 600～800km。2014 年 9 月，阿尔斯通运输局计划到 2020 年时在德国部署 40 辆商用洲际燃料电池区域列车，在 2017 年 12 月之前提供两列 “Coradia iLINT” 燃料电池列车在德国北部试运行，并于 2018 年 9 月正式投入商用。

随着 IMO 等国际组织对近岸排放要求日益严苛，燃料电池系统技术将是未来船舶动力装置的重点发展方向。德国、美国、挪威、日本、韩国等国家进入该技术领域较早，并已初步实现船用氢燃料电池动力系统示范及应用。欧盟在 2007 年资助世界上第一个商业客轮 ZEMSHIP 项目，该船采用混合动力推进方式，整合了两个峰值功率为 48kW 的燃料电池和 560V 的铅蓄电池，可运送 100 名乘客。德国、冰岛、荷兰等国分别于 2008—2009 年研制出 100 座左右的燃料电池游船，并开展了试运行。法国在 2017 年建成氢—风—光动力船，该船长 30m、重 20t，采用 22kW 氢燃料电池系统。瑞典一艘 MV Undine 汽车滚装船上安装了基于 WFC20 模块的燃料电池系统。该船主要航线是欧洲和北美之间，一般往返航程需要 90 天。美国加利福尼亚州空气资源委员会在 2018 年 6 月宣布，将在海湾地区建造第一艘氢燃料电池渡轮。该渡轮载客 84 人，电力推进动力为 2×300kW，长 21m，铝质船体，航速 22 节。日本户田建设与雅马哈发动机在 2015 年联手开发出燃料电池渔船，并完成实船试航，其最高速度可达 37km/h。

化工行业是目前氢气消费的最主要领域，绿氢化工也是实现行业深度脱碳的重要途径。2019 年 2 月，欧洲燃料电池和氢能联合组织（FCH-JU）发布《欧洲氢能路线图：欧洲能源转型的可持续发展路径》，指出欧洲已经踏上向脱碳能源系统转型的道路，到 2030 年，工业中大约三分之一的超低碳氢能产品可应用于炼油厂和氨生产在内的所有工业生产。2019 年 11 月，美国燃料电池和氢能源协会（Fuel Cell Hydrogen Energy Association，FCHEA）发布《美国氢能经济路线图》，指出化工行业如氨、甲醇和炼化行业已经使用了大量的传统氢能（由天然气合成），需要向低碳氢过渡以减少排放。

国外已有石油公司率先开启了推动绿氢对灰氢减量替代的行动。2018 年，壳牌公司联合 ITM Power 在其德国莱茵州的炼厂建设 10MW 的 PEM 电解制氢厂，绿氢年产量达到 1300t。2019 年，壳牌丹麦 Fredericia 炼油厂与 Everfuel 启动 HySynergy 项目，将建设北欧最大规模的 P2X 工厂（可再生能源发电的电解水制氢），近期目标规模为 20MW，远期目标规模为 1GW，建设成本约为 2000 万欧元。全面扩建后，制氢厂的产能可完全满足精炼厂全面使用绿氢的需求，并且每天可向多达 4000 辆氢燃料电池公共汽车和卡车供氢。在该项目的第一阶段（2022—2023 年），Everfuel 将建设一个 20MW 的电解厂和一个中央储氢设施，能够为波动的可再生能源生产提供必要的缓冲。

氢能冶金是钢铁行业减碳的重要手段。黑色冶金工业是二氧化碳排放大户，焦炭作为还原剂使用是钢铁行业污染严重的重要原因。当前全球 75%的钢铁来自“长流程”——通过往高炉中添加焦炭还原铁矿石，每生产 1t 生铁需要消耗 1.6t 铁矿石、0.3t 焦炭和 0.2t 煤粉，高炉还原过程的碳排放量占整个炼钢流程的 90%。虽然直接还原铁工艺（Direct Reduced Iron，DRI）可使用天然气代替焦炭作为还原剂来生成海绵铁，然后通过电弧炉将其转化为钢，但仍然无法达到深度脱碳效果。氢能冶金的原理是利用氢气的高还原性，以氢气代替煤炭作为高炉的还原剂，从而减少乃至完全避免钢铁生产中的二氧化碳排放。相比之下，氢能冶金是低污染、低排放的全新前沿技术，更加符合国家节能、环保、绿色产业政策。目前氢能冶金在全球仍处于技术探索阶段，示范项目主要集中在瑞典、奥地利、德国、日本等国家。

专栏 1-1　瑞典钢铁 HYBRIT 项目

瑞典钢铁公司（SSAB）二氧化碳排放量为 600 万 t/a，其 2025 年的减排目标是减少 25%，计划在 2045 年前实现近零排放。瑞典最大的电力与热力供应商——瑞典大瀑布电力公司（Vattenfall）当前的二氧化碳排放量为 2300 万 t/a，目标是在 2030 年实现近零排放。瑞典矿业集团（LKAB）计划到 2021 年吨矿二氧化碳排放量比 2015 年下降 12%，达到 27.4kg。基于上述三家企业大幅降低碳排放的要求，2016 年，SSAB、Vattenfall 和 LKAB 联合成立了 HYBRIT 项目。按照 HYBRIT 项目计划，2016—2017 年为项目预研阶段，主要工作内容包括评估非化石能源冶炼的潜力，以及二氧化碳的捕集、存储和利用等。

2018 年初公布的研究结果表明：按照 2017 年底的电力、焦炭价格和二氧化碳排放交易价格，HYBRIT 项目采用的氢冶金工艺成本比传统高炉冶炼工艺成本高 20%~30%。SSAB 采用长流程工艺的吨钢二氧化碳排放量为 1600kg（欧洲其他国家的水平约为 2000~2100kg），电力消耗为 5385kW·h；采用 HYBRIT 工艺的吨钢二氧化碳排放量仅为 25kg，电力消耗为 4051kW·h。

该项目的中试阶段为 2018—2024 年，示范运行阶段为 2025—2035 年。在为期 10 年的示范运行阶段主要进行运行测试，以确保到 2035 年实现商业化运行。

图 1-12 给出了传统高炉冶炼工艺和氢能冶金工艺炼钢流程示意图。HYBRIT 项目的基本思路：在高炉生产过程中用氢气取代传统工艺的煤和焦炭（氢气由清洁能源发电产生的电力电解水产生），氢气在较低的温度下对球团矿进行直接还原，产生海绵铁（直接还原铁），并从炉顶排出水蒸气和多余的氢气，水蒸气在冷凝和洗涤后实现循环使用。

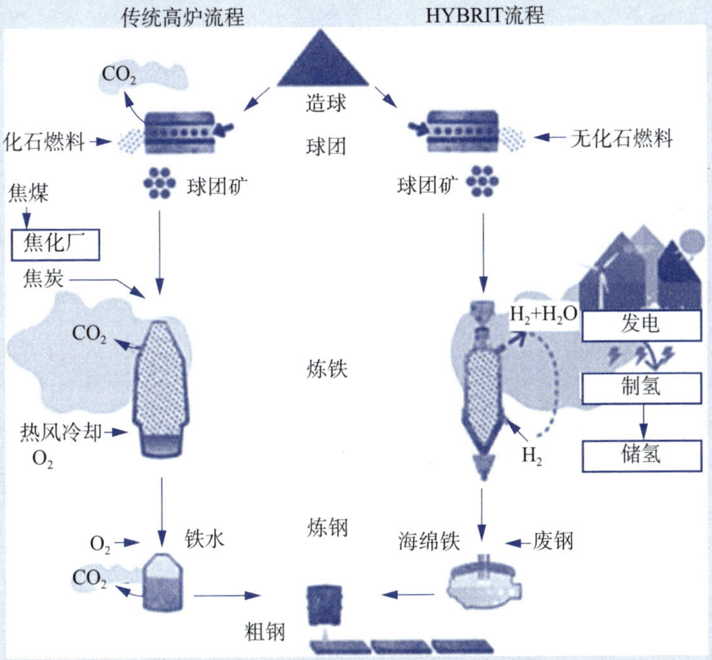

图 1-12　传统高炉冶炼工艺和氢能冶金工艺流程示意图

HYBRIT 项目的研究任务：研究可再生能源发电及其对电力系统的影响，寻找有效的可再生能源用于发电，为非化石能源冶炼提供能源，同时降低制氢成本；研发制氢与存储工艺及相关装备，为 HYBRIT 工艺提供低成本、可靠稳定的氢气，并进行氢气产业链布局；研究氢基直接还原炼铁工艺；研究配套炼钢工艺；研究系统集成、过渡路径和政策等。

随着氢能发展速度的加快，天然气管道掺氢研究和示范项目也不断增加，见表 1-4。据 IEA 数据显示，截至 2019 年初，全球已有 37 个示范项目正在进行相关研究，涉及意大利、德国、法国、荷兰、澳大利亚、英国等国家。其中，德国较早就开始向一些天然气分销网络注入氢气，早期掺氢比例低于 2%；2019 年，德国意昂公司（E. ON）的子公司 Avacon 计划将其天然气管道网的氢气混合率提高到 20%。意大利 Snam 公司于 2019 年 4 月开始向南意大利两家工业公司输送含量为 5%的掺氢天然气，2020 年 1 月，该项目的掺氢量被提高到 10%。天然气掺氢技术的发展不仅能够实现工业燃料的低碳化，还能让供热等领域获得低碳燃料。2020 年，英国首个将零碳氢气注入天然气网络、为住宅和企业供热的示范项目 HyDeploy 正式投入运营，掺氢比高达 20%。此外，德国西门子公司已率先在天然气掺氢燃气轮机方面取得重大技术突破，其生产的燃气轮机设备可使用掺氢量 5%~50%的天然气混氢燃料，奠定了天然气掺氢技术发展的硬件基础。

表 1-4　全球天然气掺氢管道示范项目

国家	年份	示范内容
英国	2020	向斯塔福德郡基尔大学现有的天然气管网注入 20%（按体积计）的氢气，为 100 户家庭和 30 座教学楼供气
意大利	2019	意大利 Snam 公司在该地将 5%氢气和天然气混合，注入意大利天然气管网并成功完成输送
德国	2012	意昂公司（E. ON）在德国 Falkenhagen 建设了 2MW 的风电制氢示范工厂，将制得的氢气以 2%的体积比注入天然气运输管道
	2015	Reitbrook 地区兴建了 1.5MW 的 P2G 项目，将风电制得的氢气在 3MPa 的压力下注入天然气管网，氢气掺混量最高为 $285Nm^3/h$
法国	2014	开展了“GRHYD”掺氢天然气应用示范，将氢气以低于 20%的比例注入天然气管网
荷兰	2008—2011	在 Ameland 岛开展将风电氢掺入当地天然气管网的示范项目，其中 2010 年年均氢气混入体积比高达 12%

资料来源：根据公开资料整理。

第二章

国内氢能产业发展及政策

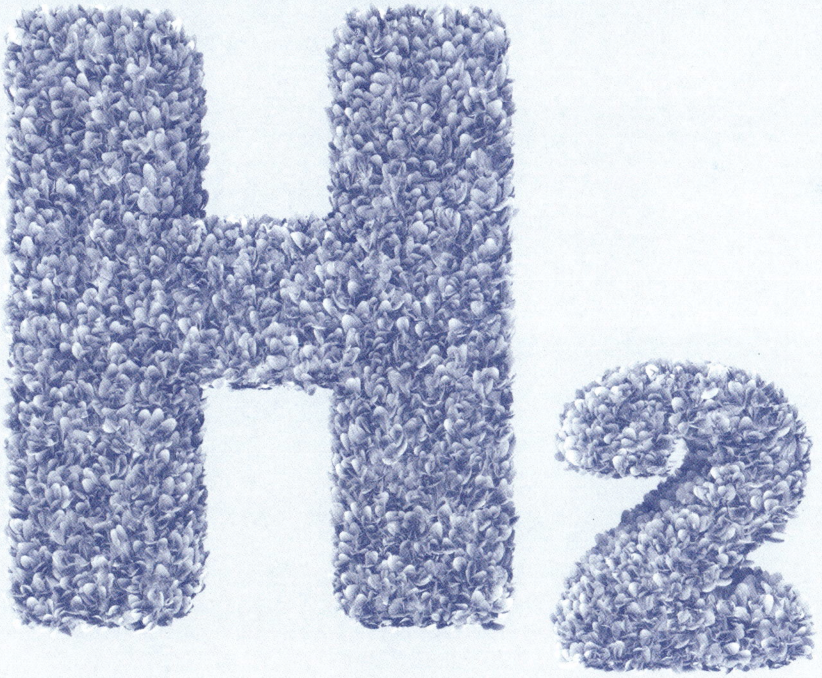

一、氢能产业发展总体情况

（一）氢气的生产

氢能是一种二次能源，氢气必须通过化学过程由存在于化合物中的氢元素转化而来。传统的制氢方法主要有化石燃料制氢、副产气体制氢和电解水制氢三大类。其中，化石燃料制氢主要包括煤制氢、天然气制氢等；副产氢主要来自氯碱副产氢和焦炉煤气副产氢。我国是氢气生产大国，2019 年我国氢气产量超过 3000 万 t①。当前我国氢气还主要用于化工领域，以煤、天然气、石油等化石燃料生产的氢气占了将近 80%，工业副产气体制得的氢气近 20%，电解水占不到 1%。

化石燃料制氢技术具有技术成熟、成本较低等优点，是当前最主要的氢气生产方式，但是面临碳排放量高、气体杂质含量高等问题。我国煤制氢技术成熟，已实现商业化且具有明显成本优势（7~12 元/kg），适合大规模制氢，且我国煤炭资源丰富，煤制氢是我国当前主要的制氢方式，但这种方法过程较烦琐且排放大量 CO_2，不能实现氢能利用的无碳排放②。天然气制氢成本受原料价格影响较大，综合成本略高于煤制氢，主要适用于大规模制氢，但也存在碳排放问题，同时我国天然气大量依赖进口，原

① 数据来源：中国氢能联盟。

② 赵岩．煤制氢器——当今全加氢型炼油厂的发展方向［J］．炼油技术与工程，2012，42（004）：11-14.

料相对难以保证①。尽管未来碳捕捉技术有望解决 CO_2 排放问题，但也会增加制氢成本。此外，化石燃料制氢技术生产的气体杂质成分多，如果要应用于燃料电池，还需要进一步提纯，增加纯化成本。

尽管工业副产氢制氢提纯工艺相对复杂，但具有技术成熟、成本低、环境相对友好等优点，有望成为未来高纯氢气的重要来源。工业副产氢制氢指利用含氢工业尾气为原料制氢的生产方式。工业尾气主要包括氯碱工业副产气、煤化工焦炉煤气、合成氨产生的尾气、炼油厂副产尾气等，基本都是混合气体，一般用于回炉助燃或化工生产等用途，利用效率低，且有较高比例的剩余。通过提纯回收利用其中的氢气，既能提高资源利用效率和经济效益，又可降低大气污染、改善环境。目前最常采用变压吸附技术（Pressure Swing Adsorption，PSA）进行提纯，变压吸附提氢工艺过程简单，技术成熟，采用 PSA 技术的焦炉煤气制氢、氯碱尾气制氢等装置已经得到推广应用，即使计入氢气提纯成本，仍具有较高的成本优势（10～20 元/kg）。

碱性电解水制氢技术成熟、氢气纯度高且环境友好，但是制氢成本高，将是未来分布式制氢的主要方式。电解水制氢技术主要包括碱性电解水制氢、固体质子交换膜电解水（SPE）制氢和固态氧化物电解水（SOEC）制氢。我国碱性电解水制氢技术是目前最成熟的制氢方法，也是现阶段国内主流的电解水制氢方法，工艺简单、制氢规模灵活、氢气产品纯度高。SPE 制氢技术在国外已进入市场导入阶段，但其在国内还处于早期开发阶段，与国外相比存在较大的差距。与碱性电解水制氢技术相比，SPE 制氢设备价格高出数倍，但具有对负荷变化响应速度快的特点，更适应可再生能源发电间歇性、波动性、随机性的特点，有望在装备成本降低

① 王业勤，杜雯雯．天然气制氢工艺技术现状与发展前景［C］//国际清洁能源论坛（澳门）．国际清洁能源论坛（澳门），2017.

后，成为未来更具市场前景的电解水制氢技术①。总体而言，当前的电价下电解制氢综合成本较高，目前生产 1kg 氢气需要消耗 55～60kW · h 电能，制氢成本一般难以低于 30 元/kg，较高的制氢成本限制了电解水制氢方式的大规模推广，电解水制氢高灵活性和高成本的特点决定了当前阶段其更适合在分布式场景进行现场制氢。

总体而言，中国当前化工工业基础具有较好的制氢基础。尤其是在近期电解制氢成本较高，化石能源制氢又面临碳排放争议的情况下，利用中国的工业副产氢资源来满足燃料电池领域的应用，在经济性和清洁性上都是最好的选择。以当前约 600 万吨副产氢测算，只要给予副产氢合适的收购价格，副产氢就会有足够的经济动力进行提纯，应用于燃料电池汽车。即使实现 10%的应用，也足够约 30 万辆燃料电池大巴或公交车一年的使用（按每辆大巴车年耗氢 2t 计算）。所以，在中国氢能经济发展的初期阶段，中国工业制氢基础有能力提供充足且廉价的氢气资源。

与此同时，我国的能源央企纷纷将构建氢能供给体系作为重要的发展方向。当前国家电投、国家能源集团、中国石油、中国石化等能源央企、法液空等国际能源巨头，结合其各自优势选择不同技术路线，纷纷在我国布局氢能生产与供给；中船重工及部分民企制氢技术和设备也已具备商业化推广条件。除此之外，我国企业及科研院所也在积极探索其他新型制氢技术或低价制氢技术，如生物质制氢、光催化制氢技术等，当前距产业化还有一定距离，但若技术得以突破，则具有发展前景。

（二）氢气储运和加注

生产氢仅仅是构建氢能产业链的第一个环节，从氢气生产到应用，中间还需要经历储存运输和终端加氢环节，氢气规模化储运技术的经济性和

① CANO Z P，BANHAM D，YE S，et. al. Batteries and fuel cells for emerging electric vehicle markets［J］. Nature Energy.

可靠性也是氢能利用的关键。氢在常温下为气态，密度仅为空气的1/14，在通常条件下，氢气和汽油有相同能量时，氢气所占体积大约是汽油的3000多倍，因此提高氢能的储运效率对产业发展十分重要，而将氢气压缩、液化或者吸附在一种固态材料中进行存储便是解决氢能储运问题的有效方式。

高压气态储氢是目前氢气储存的主要方式，具有容器结构简单、能耗较低、充放速度快等优点。按照氢气状态的不同以及技术发展的不同阶段，目前国内外氢气储存方式可分为三大类：一是压缩气态储存技术，这是当前国内外最成熟的技术。根据氢气压力级别不同，可分为低压、中压和高压三类。其中，低压储罐一般用于就地大规模储存，常见的为15MPa低压储罐；中压储罐通常储存压力为16MPa~45MPa，可用于加氢站的固定式储氢或其他对空间要求比较苛刻的场景；国内高压储罐最高设计压力为98MPa，主要用于加氢站的固定式储氢。二是液氢储存技术，在国外已经被推广应用，国内只用于航天领域。液氢储氢罐的优势是储氢密度大，每立方米液氢储罐可储存70kg（90MPa的高压气态储氢罐也只能储存约47kg氢气），但液氢液化过程能耗高，折合每千克氢气耗电约13kW·h，且外部侵入热量会造成每天约1%的蒸发损失。三是固体储氢和有机液体储氢材料技术，国内外均仍处于研究开发阶段。固体储氢是指各种类型的储氢合金或金属氢化物吸附储氢，这类储氢材料体积较小，因此体积储氢密度高，且压力小，使用安全。但固体储氢技术要实现应用，还需要进一步提高储氢密度、降低释氢温度以及提高使用寿命等。有机液体储氢，一般具有储氢密度较高和运输方便的优点，如果能在降低放氢温度、减少能量消耗等方面获得突破性进展，将有望得到推广应用。

氢气输送技术主要包括高压气态输送、管道运输和液态氢输送。运用高压气态氢气输送技术将氢气增压至20MPa~40MPa，充装到大容积气瓶组，以长管拖车从制氢厂运送至使用厂家或加氢站，20MPa管束车是国内氢气运输的主要方式。通常每辆长管拖车的载运氢气量为300~500kg。拖车装运的氢气重量只占运输总重量的1%~2%，运输效率较低，因此高压气态输氢技术适用于运输距离较近（不超过150km）和输送量较低的场景，国内加氢站的外进氢气目前均采用长管拖车进行运输。管道运输则适用于大规模、长距离的氢气运输，可有效降低运输成本。随着氢能产业的快速发展，新建输氢管网可以满足巨大的用氢需求，是大规模、长距离氢气运输的发展趋势，但管网建设需要国家统一规划部署。在国外，气氢管道输送相对国内较成熟，美国、欧洲已分别建成2400km、1500km的输氢管道。我国目前氢气管网仅有300~400km，最长的输氢管线为“巴陵—长岭”氢气管道，全长约42km，压力为4.0MPa①。液态氢输送是指将液态氢（液氢）装在压力通常为0.6MPa的专用低温绝热槽罐内，利用卡车、机车和船舶进行运输。每辆汽车的液氢装载量超过2000kg，经济运输距离超过500km，具有氢气运输量较大、运输距离较远的优点，但是制取液氢的能耗大，并且液氢储存、输送过程均有一定的蒸发损耗。液氢输送技术较为成熟，国外应用也已经有一定规模。国内中石化巴陵石油化工有限公司和湖南核电有限公司共同投资11亿元建设国内首座液氢工厂，鸿达兴业生产的液氢已完成首次国内长距离运输，中科富海实现了我国大型氢液化设备的首次出口。

加氢站是氢能产业基础设施的终端装备。目前国内已建和在建站以35MPa加氢站为主，也有少数70MPa加氢站在建或建成，暂无液氢加氢站。截至2020年底，全国在建和已建加氢站共181座，其中已经建成124座，2020年建成加氢站55座。从现有加氢站区域保有量来看，广东省加氢站有31座，居全国首位。山东、江苏、上海等地加氢站保有量均超10座。在2020年国内建成的124座加氢站中，105座有明确的加注能力，其中加

---

① 中国标准化研究院，全国氢能标准化技术委员会．中国氢能产业基础设施发展蓝皮书（2016）［M］．北京：中国质检出版社，中国标准出版社，2016.

氢能力为 500kg/d（12h）的加氢站有 50 座，占比 47.26%；1000kg/d（12h）的加氢站有 20 座，占比 19.05%；大于 1000kg/d 的加氢站有 7 座，占比 6.67%。建站模式呈现多元化，同济—新源大连加氢站是我国第一座风光互补发电耦合制氢的 70MPa 加氢站，集成了可再生能源现场制氢技术、90MPa 超高压氢气压缩和存储技术、70MPa 加注技术以及 70MPa 加氢站集成技术；上海驿蓝加氢充电合建站是我国首个通过管道输送氢气的加氢站；佛山樟坑油氢合建站是我国首座油、氢、电综合能源补给站。随着储氢容器、压缩机、加氢机、安全系统等关键设备的国产化率提高，加氢站建设成本逐年降低。我国的 35MPa 加氢站技术已趋于成熟，加氢站的设计、建设以及三大关键设备：45MPa 大容积储氢罐、35MPa 加氢机整机和 45MPa 隔膜式压缩机均已实现国产化。随着氢能应用端需求的变化，加氢站加注压力将从 35MPa 提高到 70MPa，但我国 70MPa 加氢站相关设备和标准法规还不够成熟。

（三）氢气的应用

对于氢气的应用，不管是国际还是国内，当前均主要用于工业用途，在石油炼制、石化产品生产、化肥、新型合成燃料工业等领域不可或缺，过去近 50 年间，仅仅是上述工业的快速发展，对氢的需求量就至少增加了 27 倍。耗氢最大的用途在合成氨，其次是合成甲醇（包括煤经甲醇制烯烃），两者合计占了全部消耗量的 60%；炼厂用氢与现代煤化工（煤间接液化、煤直接液化、煤制天然气、煤制乙二醇）需求量为 820 万 t/a，占比将近 1/4。我国氢气几乎全部属于现场生产并消费，极少量的氢气通过长管拖车以高压气体的形式储存和输送。未来燃料电池车用氢气消费预计将不断提高，且其对氢气品质要求较高，但国内成熟的车用高品质氢能商业模式尚未构建。2019 年中国氢气生产与消费如图 2-1 所示。

与国外燃料电池乘用车推广数量远大于商用车不同，我国燃料电池车开发目前以商用客车与专用车为主。国内外燃料电池系统在车用领域技术

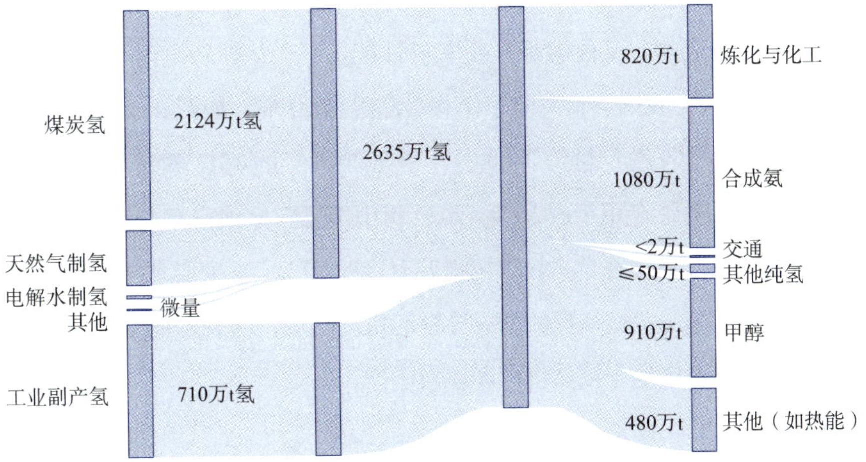

图 2-1　2019 年中国氢气生产与消费

资料来源：中国氢能联盟．中国氢能源及燃料电池产业白皮书（2020），2021.

路线有所差异：一方面，国内由于在燃料电池电堆功率密度这一核心指标上同国际先进水平有较大差距，燃料电池还达不到在乘用车上商业化应用的要求，与乘用车空间小、对燃料电池体积要求高不同，商用客车有相对较大的空间，对电堆功率密度要求较低，可以使用功率密度低但是寿命更高的石墨双极板燃料电池电堆；另一方面，乘用车多为私家车，目前加氢站的数量少，不能满足私家车需求。而客车和专用车对空间要求较为宽泛，对加氢站布局密度要求也较低，车辆使用地区附近有一座即可满足需求，故国内燃料电池车主要在客车与专用车领域发展。同时，受国内新能源车补贴政策以及国内技术特点的影响，国内燃料电池大巴基本都采用燃料电池+锂电池的“电—电”混合的方式提供动力，比如 2019 年以前国内的亿华通、宇通、佛尔赛等普遍采用典型的“30kW 燃料电池+约 60kW · h 锂电池+约 120kW 电机”模式来提供动力。“电—电”混合的优势在于既能发挥燃料电池续航能力强的优点（通过增加氢气罐数量或者增大容积），又能够通过锂电池有效弥补燃料电池成本高和功率不足的问题。“电—电”混合模式降低了纯燃料电池驱动带来的技术挑战，同时在燃料电池成本还很高

（2019 年超过 5000 元/kW）的情况下，使用中等功率的燃料电池电堆能够有效降低整车的成本，又能够保证整车的性能水平。从燃料电池车产销来看，截至 2020 年底，我国燃料电池车保有量超过 7000 辆，如图 2-2 所示。其中 2019 年燃料电池车总产量约 2800 辆，相比 2018 年的 1618 辆同比增长 73%，其中客车占 44%，专用车占 56%；2020 年中国燃料电池汽车产量为1199 辆，同比减少 57%，其中客车占比大幅提升至接近 90%。这主要是由于政策转向及燃料电池汽车示范城市群的开展导致的销量延迟，随着示范城市群申报进展完成，氢燃料电池车销量将再度迎来增长。

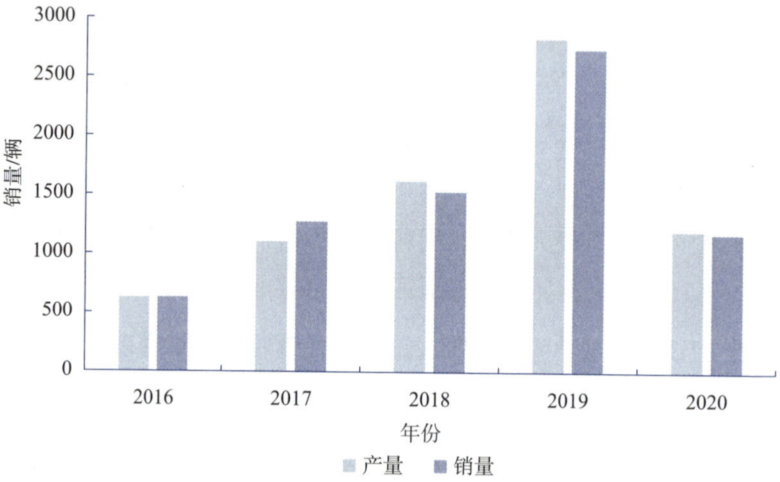

图 2-2　2016—2020 年中国燃料电池车历年产销

数据来源：中国汽车工业协会。

经过几年的快速发展，国内燃料电池领域核心技术明显提升，燃料电池系统组成及技术现状如表 2-1 所示。国内已有多家企业推出单堆功率超过 100kW 的产品，功率密度达到 3kW/L~4kW/L，接近世界先进水平，并且实现了较大幅度的成本下降，2020 年电堆最低报价达到 1699 元/kW。核心零部件方面，膜电极、空压机、双极板等国产化进展迅速，正快速缩小与国际先进水平的差距，2020 年成本同比降幅达 30%以上；电堆与系统集成技术水平与国际并跑，并向高功率、高集成、低成本方向发展。随着产业链竞争加剧及产业链不断完善，上海捷氢、重塑科技等企业快速拓展市场，在一定采购量支持下，燃料电池系统价格分布在5000~12000元/kW。关键材料方面，近几年技术有所突破，但整体水平与国际先进水平仍有较大差距，产品对外依赖度较大。质子交换膜和气体扩散层（碳纸）技术水平显著提升，但产业化仍有待突破；催化剂已实现量产，但仍跟跑国际先进水平。

表 2-1 燃料电池系统组成及主要部件技术现状

主要部件			常用材料	技术水平和市场情况
燃料电池电堆及单体	膜电极组件（MEA）	质子交换膜	全氟磺酸膜	基本已经能满足乘用车5000h、商用车10000h寿命的标准； 几乎为杜邦、陶氏、戈尔等国外公司垄断，国内如东岳集团已经开发出成熟产品，市场开发还需时间
		催化剂层	Pt/C	丰田催化剂用量已经降低至0.1~0.2g/kW，国内需要0.3~0.5g/kW； 市场被英国JM、比利时Umicore和德国BASF垄断，其中JM的技术和市场处于领先地位。国内用的基本来自进口
		气体扩散层	改性碳材料	常用疏水碳纸和添加剂组成，日本东丽的气体扩散层技术实力处于领先水平
	双极板		石墨、金属或复合材料	金属板体积小适合乘用车，但也导致电池系统寿命只有约5000h；石墨板体积大，适合商用客车，国内双极板系统寿命可达10000~20000h
系统重要辅件	储氢瓶		碳纤维缠绕铝合金内胆	丰田车用储氢瓶以树脂内衬、碳纤维强化树脂层和玻璃纤维强化树脂外壳三层结构实现70MPa下5.7%的质量储氢密度；国内商用客车35MPa下，采用碳纤维缠绕金属内胆气瓶的Ⅲ型瓶，储氢密度为3.9%，提高压力到70MPa可达到5%，如果用Ⅳ型瓶储氢密度可以进一步提高到5.5%，但是国内Ⅳ型以及70MPa技术还未成熟
	空气压缩机		—	丰田用的是旗下丰田纺织，本田用的是霍尼韦尔的空压机。国内国产化进展迅速，正快速缩小与国际先进水平的差距

资料来源：根据公开资料整理。

除了客车和专用车外，燃料电池乘用车、重型卡车、船舶以及有轨电车等终端应用也在不断发展，尤其是燃料电池重卡车型开发，进展较为迅速。国内主机厂中陕汽 L3000 燃料电池车样车应用于环卫车市场，峰值功率达到 160kW，续驶里程估计可达到 300km。中国重汽先后开发出 HOVA 氢燃料电池偏置港口牵引车与豪沃（HOWO）燃料电池垃圾压缩车，其中 HOVA 燃料电池偏置港口牵引车采用峰值为 260kW 的驱动电机，拥有 4260Nm 的超大扭矩，在一般公路上可持续行驶 112km；而 HOWO 氢燃料电池垃圾压缩车电机功率为 120kW，扭矩达到 1100Nm。潍柴 2018 年就已经宣布正式进军燃料电池动力领域，计划在 2021 年底前在中国为商用车提供至少 2000 套燃料电池模组。一汽解放、大运重卡、徐工等各家商用车企研发的氢燃料电池重卡也已经出现在大众视野中。2020 年底，宝钢股份接收了由苏州金龙生产的 60 辆 42 吨氢燃料电池半挂重卡，这是全球迄今为止最大一批氢燃料电池重卡交付，配套电堆来自清能股份子公司上海清能所生产的 VLSII 系列燃料电池电堆，额定功率为 150kW，采用超薄型石墨极板技术，体积功率密度达 4.2kW/L。燃料电池船舶方面，我国已推出拥有自主知识产权的船用燃料电池系统，首艘燃料电池游艇“蠡湖”号完成试航，这标志着我国燃料电池在船舶动力的实船应用上迈出了关键一步。

国内面向应用于分布式发电站的燃料电池系统目前还处于实验研发阶段。由于大电网供电可靠性较高，且用户侧电价相对偏低，当前国内分布式氢能市场需求较为有限，小型燃料电池热电联产处于示范运行的早期阶段。多家科研机构、高校、企业单位参与推出了自行研制开发的热电联供系统，还有少数试验性的产品和项目。备用电源于 2009 年起步，具备良好的技术基础，已能满足通信应用领域的主要功能需求。弗尔赛能源、同济大学、武汉理工大学、上海攀业、国鸿氢能、高成绿能等企业和单位陆续开发出了样机及相应产品，技术水平达到国外同期指标水平，部分技术指标水平国际领先。目前在全国通信行业累计应用量约为 300 套，功率等级为3kW~5kW。对分布式发电系统已开展相关研究，多家单位推出了基于各种燃料电池类型的发电系统。中科院大连化物所研制出 10kW PEMFC 分布式发电系统，实现天然气重整 PEMFC 一体化热电联供。国内已建成多个千瓦级、十千瓦级 SOFC 分布式发电示范项目。潮州三环、武汉华科福赛、苏州华清京昆、宁波索福人等公司已具备了量产 SOFC 单电池、电堆能力。大型发电系统 IGFC 相关研发较少，仍处于小型样机的研发和示范阶段，燃气轮机基础较为薄弱。2018 年 8 月，晋煤集团煤化工研究院宣布打通全国首个以煤为原料的 15kW 级 SOFC 项目的全流程，是国内首个实现工业化运行的 SOFC 系统。

氢能除了以燃料电池方式的应用外，在我国以其他方式的多元化应用示范取得积极进展。在工业领域，全球最大规模的太阳能电解水制氢储能及综合应用示范项目在宁夏宁东能源化工基地展开，该项目是我国煤制烯烃行业首个引入绿氢的项目；由中国科学院大连化学物理研究所研发的千吨级液态太阳燃料合成示范项目，2020 年 10 月在甘肃兰州通过中国石油和化学工业联合会组织的科技成果鉴定，该项目利用可再生能源制氢制取合成燃料，为解决可再生能源消纳和二氧化碳利用问题提供了新的解决方案；2020 年 11 月，特诺恩与河钢集团签订合同，开工建设绿氢直接还原铁工厂。

专栏 2-1　甘肃兰州绿氢合成甲醇项目

2020 年 1 月，由中国科学院李灿院士团队主导的国内首个太阳能燃料生产示范工程在兰州新区精细化工园区落地。该项目占地 19.27 万 m^2，将建设年产 1440t 甲醇的制备装置，总投资 1.41 亿元。项目由光伏发电、电解水制氢、二氧化碳加氢合成甲醇三大系统单元组成，通过装机规模为 10MW 的光伏发电单元向 2 台功率为 1000Nm^3/h 的电解槽供电，实现电解水制氢，制取的氢气与气化后的二氧化碳在催化剂作用下反应合成甲醇。

“液态太阳能燃料合成—二氧化碳加氢合成甲醇技术开发”项目，

即太阳能等可再生能源电解水制氢及二氧化碳加氢合成甲醇技术开发项目，由兰州新区石化产业投资有限公司、苏州高迈新能源科技有限公司、中科院大连化物所三方合作开发建设。该项目利用可再生清洁能源太阳能发电，最终制备甲醇，形成低碳运输燃料，实现甲醇重整制氢及氢燃料电池在重卡等商用车上的技术应用。

项目重点研究高效电解水制氢以及固溶体催化剂催化二氧化碳加氢合成甲醇技术，能够有效提高光伏电能的利用率，是太阳能制液体燃料的重要途径。产品甲醇作为最基础的化工原料之一，主要用于生产甲醛、二甲醚、醋酸等化工产品，也可用来生产烯烃、芳烃、汽油等化学品或燃料，可以缓解对石油资源的依赖。项目建成后将产生“聚集”效应，吸引一大批精细化工科技成果到兰州新区进行转化，提升精细化工园区技术水平，形成相辅相成的持续化绿色发展模式。

二、产业支持政策

（一）国家相关支持政策

国家氢能产业相关政策集中在交通及基础设施层面，政策发布机构主要集中在国务院、国家发展改革委、科技部、财政部、工业和信息化部等部门，针对燃料电池汽车的发展应用、氢能产业基础设施建设等领域发布产业规划、制定技术路线等扶持政策或者直接进行补贴的扶持财政政策，见附表1。

财税补贴方面，对于燃料电池车的补贴标准见表2-2。与电动车补贴从2015年开始持续退坡不同，燃料电池的补贴标准在很长的时间范围内维持不变，即乘用车补贴上限为20万元，燃料电池小型和大型商用车补贴上限分别为30万元和50万元，同时地方政府可以按照最高1∶1的比例给予补贴。在技术成熟度不高、国内外技水平差距较大时，在一定时期内保持较高补贴标准，可显示对产业扶持的决心。除了直接补贴燃料电池和应用外，国家对氢能基础设施建设也给予了不同程度的支持。比如，2014 年 11 月科技部等四部委共同发布《关于新能源汽车充电设施建设奖励的通知》（财建〔2014〕692 号），对加氢站容量达到 200kg/d 的，给予 400 万元补助，政策实施期为 2013—2015 年。但是政策到期后，未明确是否继续实施该政策。2019 年，政府工作报告提出了要支持充电、加氢基础设施。2019 年 3 月 26 日，财政部等四部委发布《关于进一步完善新能源汽车推广应用财政补贴政策的通知》（财建〔2019〕138 号），指出 2019 年 3 月 26 日至 2019 年 6 月 25 日为过渡期，过渡期补贴标准按照 2018 年标准的 80% 执行；并且从 2019 年起，过渡期后地方政府不再允许对新能源汽车（新能源公交车和燃料电池汽车除外）给予购置补贴，地方补贴转为用于支持充电（加氢）基础设施“短板”建设和配套运营服务等方面。

表 2-2　燃料电池车补贴标准

<table>
<tr><th colspan="2">项目</th><th>2017 年前</th><th>2017 版</th><th>2018 版</th><th>2019 版</th></tr>
<tr><td rowspan="3">补贴标准</td><td>乘用车</td><td>20 万元</td><td>20 万元，10~30kW 按照 0.6 万元/kW 给予补贴</td><td>6000 元/kW，上限 20 万元</td><td rowspan="3">过渡期按照 2018 年标准的 80%补贴</td></tr>
<tr><td>轻型客车/货车</td><td>30 万元</td><td>30 万元</td><td>上限 30 万元</td></tr>
<tr><td>大中型客车、中重型货车</td><td>50 万元</td><td>50 万元</td><td>上限 50 万元</td></tr>
<tr><td rowspan="3">技术要求</td><td>纯电续驶里程</td><td>乘用车和客车≥150km，货车≥200km</td><td colspan="2">≥300km</td><td rowspan="3">待定</td></tr>
<tr><td>燃料电池系统额定功率</td><td rowspan="2">无</td><td colspan="2">乘用车不低于 10kW，商用车不低于 30kW</td></tr>
<tr><td>燃料电池系统的额定功率与驱动电机的额定功率比</td><td>功率比不低于 30%</td><td>比值介于 0.3~0.4=80%补贴，比值介于 0.4~0.5=90%补贴，比值≥0.5=100%补贴</td></tr>
</table>

资料来源：根据财政部文件整理。

2020 年 4 月，财政部联合工业和信息化部、科技部、国家发展改革委发布了《关于完善新能源汽车推广应用财政补贴政策的通知》（财建〔2020〕86 号），明确提出“调整补贴方式，开展燃料电池汽车示范应用”。2020 年 9 月，财政部等五部门印发《关于开展燃料电池汽车示范应用的通知》（财建〔2020〕394 号）。财政部、工业和信息化部、科技部、国家发展改革委、国家能源局五部门将实施燃料电池汽车示范应用支持政策，对符合条件的城市群开展燃料电池汽车关键核心技术产业化攻关和示范应用给予奖励，形成布局合理、各有侧重、协同推进的燃料电池汽车发展新模式。新一轮燃料电池汽车示范将更加注重产业链的构建，强调促进产业链各环节技术研发和产业化，明确要求龙头企业组织相关企业打造产业链，实现基础材料、关键零部件和整车产品研发突破及产业化应用。在示范应用上，仍然重点推动燃料电池汽车在中远途、中重型商用车领域的应用，并提出利用信息化平台实现燃料电池汽车示范全过程、全链条监管，积累车辆运行数据，完善相关技术指标和测试标准。示范期暂定为四年，示范期间，五部门将采取“以奖代补”方式，对入围示范的城市群按照其目标完成情况给予奖励。对城市群内销售的整车、关键零部件产业的技术突破和应用、加氢等都有奖励，比如大客车的 2020 年的奖励标准在 13 万~36 万元，重卡奖励标准在 20 万~55 万元，奖励数额与燃料电池功率等相关技术指标直接相关；奖励标准将逐年递减。奖励资金由地方和企业统筹用于燃料电池汽车关键核心技术产业化，人才引进及团队建设以及新车型、新技术的示范应用等，不得用于支持燃料电池汽车整车生产投资项目和加氢基础设施建设。

技术指引与产业路径规划方面，国务院印发的《中国制造 2025》、国家发展改革委和国家能源局发布的《能源技术革命创新行动计划（2016—2030 年）》，都对氢能与燃料电池的技术创新路线、发展战略目标等进行了阐述；2017 年工业和信息化部委托中国汽车工程学会组织研究和发布了《节能与新能源汽车技术路线图》（图 2-3），为燃料电池汽车的发展指明了方向，电堆比功率和寿命是主要的技术参数目标，全产业链均有技术创新需求。另外大力建立和完善加氢站的技术规范标准、检测认证。2020 年底，工业和信息化部指导，中国汽车工程学会又发布了《节能与新能源汽车技术路线图 2.0》（图 2-4），更新了对相关技术及应用指标的展望，并提出了 2025 年前累计推广应用 10 万辆燃料电池汽车，2030—2035 年燃料电池汽车保有量达到 100 万辆的目标。2020 年11 月，国务院办公厅印发《新能源汽车产业发展规划（2021—2035 年）》，指出要经过 15 年的努力，实现燃料电池汽车商业化应用，氢燃料供给体系建设稳步推进。

	2015年	2020年	2025年	2030年
总体目标	2015年状况： 最高效率55% 冷启动温度-20℃ 材料成本4000元/kW 乘用车： ·额定功率35kW ·寿命3000h ·比功率2.0kWL或1.5kW/kg 商用车： ·额定功率35kW ·寿命3000h ·比功率1.5kW/L	2020年达到： 最高效率60% 冷启动温度-30℃ 材料成本1000元/kW 乘用车： ·额定功率70kW ·寿命5000h ·比功率3.0kW/L或2.0kW/kg 商用车： ·额定功率70kW ·寿命10000h ·比功率2.0kW/L	2025年达到： 最高效率65% 冷启动温度-40℃ 材料成本500元/kW 乘用车： ·额定功率90kW ·寿命6000h ·比功率3.5kW/L或2.5kW/kg 商用车： ·额定功率120kW ·寿命20000h ·比功率2.5kW/L	2030年达到： 最高效率65% 冷启动温度-40℃ 材料成本150元/kW 乘用车： ·额定功率120kW ·寿命8000h ·比功率4.0kWL或3.0kW/kg 商用车： ·额定功率170kW ·寿命30000h ·比功率3.0kW/L

性能的提升	基于现有材料体系优化膜电极结构，优化金属双极板和石墨双极板的结构	应用新型电极材料和电池堆结构	强化新材料和结构的应用验证
寿命的提升	优化电池堆设计，提高电池堆关键部件的一致性	开发高效电池堆水管理技术，应用新材料	优化电池堆水管理技术，强化新材料应用
环境适应性	研究关键材料和部件低温特性	开发电池堆低温启动技术	开发动力系统综合热管理技术
成本控制	减少关键材料用量，降低材料成本	开发复合质子交换膜、新型催化剂等关键材料，开发金属双极板和石墨双极板的批量制备技术	应用低成本关键材料和部件，降低制造成本

图 2-3　节能与新能源汽车技术路线图 1.0——氢燃料电池堆技术路线图

资料来源：雷洪钧．节能与新能源汽车技术路线图［J］．时代汽车，2017（1）：12-15.

2025年　2030年　2035年

总体目标		基于现有储运加注技术，各城市因地制宜，经济福射半径150km左右，运行车辆10万辆左右	突破新一代储运技术，突破加氢站数量瓶颈，城市间联网跨域运行，保有量100万辆左右
		燃料电池系统产能超过1万套/企业	燃料电池系统产能超过10万套/企业
氢能燃料电池汽车	功能要求	冷启动温度达到–40℃，提高燃料电池功率整车成本达到混合动力的水平	冷启动温度达到–40°C，燃料电池商用车动力性、经济性及成本需达到燃油车水平
	商用车	续航里程≥500km 客车经济性≤5.5kg/100km， 寿命≥40万km，成本≤100万元	续航里程≥800km 重卡经济性≤10kg/100km 寿命≥100万km，成本≤50万元
	乘用车	续航里程≥650km 经济性≤1.0kg/100km 寿命≥25万km，成本≤30万元	续航里程≥800km 经济性≤0.8kg/100km 寿命≥30万km，成本≤20万元
氢能基础设施	氢气供应	鼓励可再生能源分布式制氢， 氢气需求量20万~40万吨/年	可再生能源制氢为主， 氢气需求量200万~400万吨/年
	氢气储输	高压气态氢、液氢、管道运氢	多种形式并存
	加氢站	加氢站≥1000座 加注压力35/70MPa 氢燃料成本≤40元/kg	加氢站≥5000座 加注压力35/70MPa 氯燃料成本≤25元/kg

图 2-4　节能与新能源汽车技术路线图 2. 0——氢能技术路线图

资料来源：中国汽车工程学会．节能与新能源汽车技术路线图 2.0［M］. 北京：机械工业出版社，2020.

除燃料电池汽车领域外，氢能的总体发展战略与规划也已纳入政府议事日程。我国已将氢能写入 2020 年国务院《政府工作报告》、2020 年国民经济和社会发展计划、《2020 年能源工作指导意见》等政府文件。国家能源局发布的《中华人民共和国能源法（征求意见稿）》将氢能划入了能源种类。此外，《2020 年国家标准立项指南》《关于加快建立绿色生产和消费法规政策体系的意见》《新时代的中国能源发展白皮书》等文件，分别从标准法规、技术攻关、产业发展政策等层面进一步明确了国家对发展氢能产业的支持。

（二）地方性氢能和燃料电池产业相关政策或规划

当前氢能产业在我国获得了前所未有的关注，部分地方政府基于能源和产业转型的角度，陆续出台支持氢能产业发展的相关规划。据不完全统计，截至 2020 年底，国内至少有 50 个地方（省市级）出台了扶持氢能和燃料电池产业的相关政策，内容涵盖燃料电池汽车地方性补贴、产业示范应用、产业技术研发、整车开发、产业集群打造乃至示范城市建设等；已有多个省确认了不同额度的燃料电池汽车地方性补贴（详见附表 1）。尤其是从 2020 年以后，对氢能和燃料电池汽车采用以奖代补方式，支持示范城市群。要入围示范城市群，不仅需要相关城市有一定的产业基础，而且需要当地政府提供政策制度保障，即地方一般需要发布相关政策规划。因此，仅 2020 年全国就有超过 30 个地方政府发布了氢能发展相关规划（表 2-3），涉及加氢站数量超过 1000 座、燃料电池车数量超过 25 万辆，不论是规划数量还是发展目标，均比 2019 年有大幅提升。并且各地方申报示范城市群十分踊跃，近 20 个城市群申报。除了少数几个申报城市群外，大部分城市群的城市数量超过 5 个，并且有跨省的城市群。

表 2-3　2020 年以来发布的氢能规划

区域名称		文件名称	发布时间
安徽省	铜陵市	《铜陵氢能产业发展规划纲要》	2020 年 4 月
	六安市	《六安市氢能产业发展规划（2020—2025 年）》	2020 年 9 月
北京市	北京市	《北京市氢燃料电池汽车产业发展规划（2020—2025 年）》	2020 年 1 月
	大兴区	《大兴区促进氢能产业发展暂行办法》	2020 年 12 月
广东省	广东省	《广东省加快氢燃料电池汽车产业发展实施方案》	2020 年 11 月
	佛山市	《佛山市燃料电池汽车推广应用地方财政补贴资金管理办法（征求公众意见稿）》	2020 年 6 月
	广州市	《广州市氢能产业发展规划（2019—2030 年）》	2020 年 7 月

续表

区域名称		文件名称	发布时间
河北省	河北省	《河北省氢能产业链集群化发展三年行动计划（2020—2022年）》	2020年7月
	张家口市	《张家口氢能保障供应体系一期工程建设实施方案》	2020年2月
	邯郸市	《邯郸经济技术开发区加快氢能产业发展实施方案（2020—2022年）》	2020年4月
	保定市	《关于印发保定市氢燃料电池汽车产业发展三年行动方案（2020—2022年）的通知》	2020年1月
河南省	河南省	《河南省氢燃料电池汽车产业发展行动方案》	2020年4月
	新乡市	《新乡市氢能与燃料电池产业发展规划》《新乡市氢能与燃料电池产业发展实施意见》	2020年4月
湖北省	武汉市	《武汉市氢能产业突破发展行动方案》	2020年9月
	黄冈市	《关于推进黄冈市氢能产业发展的实施意见》	2020年11月
湖南省	岳阳市	《岳阳氢能城市建设及氢能产业发展规划》	2020年1月
江苏省	常熟市	《常熟市关于氢燃料电池产业发展的若干政策措施》	2020年4月
	昆山市	《昆山市氢能产业发展规划（2020—2025）（征求意见稿）》	2020年9月
辽宁省	大连市	《大连市加快培育氢能产业发展的指导意见》	2020年9月
	乌海市	《乌海市氢能产业发展规划（2020—2025）》	2020年8月
内蒙古自治区	呼和浩特市	《呼和浩特市人民政府关于推进氢能产业高质量发展的实施意见（征求意见稿）》	2020年11月
宁夏回族自治区	宁夏回族自治区	《自治区人民政府办公厅关于加快培育氢能产业发展的指导意见》	2020年5月
山东省	山东省	《山东省氢能产业中长期发展规划（2020—2030年）》	2020年6月
	潍坊市	《潍坊市氢能产业发展三年行动计划（2019—2021年）》	2020年1月
	济南市	《济南市氢能产业发展三年行动计划（2020—2022年）》	2020年8月
	青岛市	《青岛市氢能产业发展规划（2020—2030年）》	2020年12月
山西省	大同市	《大同市氢能产业发展规划（2020—2030年）》	2020年1月
	长治市	《长治市氢能产业发展规划》（2020—2030年）	2020年1月
上海市	上海市	《上海市燃料电池汽车产业创新发展实施计划》	2020年11月
	青浦区	《青浦区氢能及燃料电池产业规划》	2020年11月
四川省	四川省	《四川省氢能产业发展规划（2021—2025年）》	2020年9月
	成都市	《关于促进氢能产业高质量发展的若干意见》	2020年7月
重庆市	重庆市	《重庆市氢燃料电池汽车产业发展指导意见》	2020年3月

续表

区域名称		文件名称	发布时间
天津市	天津市	《天津市氢能产业发展行动方案（2020—2022年）》	2020年1月
	天津港保税区	《天津港保税区氢能产业发展工作实施方案（2020—2022年）》	2020年5月
浙江省	嘉兴市（平湖市）	《平湖市加快推进氢能产业发展和示范应用实施意见》	2020年12月

资料来源：根据公开资料整理。

第三章

氢能供应体系技术经济分析

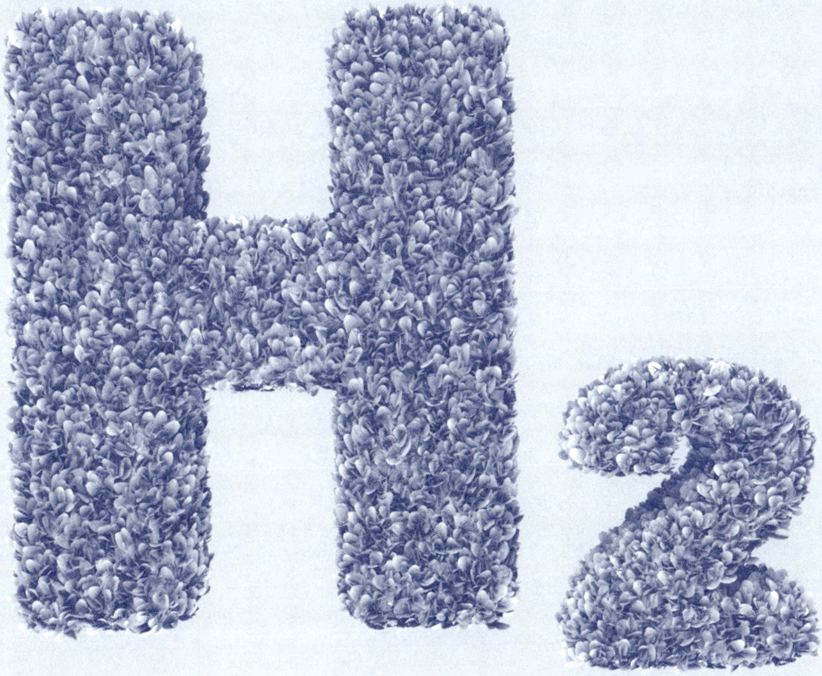

一、制氢

（一）电解水制氢

电解水制氢技术主要包括碱性电解水制氢（碱性电解技术）、固体质子交换膜电解水制氢（SPE 电解技术）和固态氧化物电解水制氢（SOEC 电解技术）。

碱性电解技术已经实现大规模工业应用，国内关键设备的主要性能指标均接近或达到国际先进水平，单槽电解制氢产量较大，易于实现大规模应用，目前主要用于国内大规模风电制氢项目。

SPE 电解技术与国际先进水平差距较大，体现在技术成熟度、装置规模、使用寿命、经济性等方面。国外已通过多模块集成实现兆瓦级 SPE 电解水制氢系统应用，运行灵活性和反应效率较高，能够以最低功率保持待机模式，与装机规模较小、波动性较大的光伏发电系统具有良好的匹配性。

SOEC 电解技术的电耗低于碱性和 PEM 电解技术，但尚未广泛商业化，国内仅在实验室规模上完成验证示范。由于 SOEC 电解水制氢需要高温环境，其较为适合产生高温、高压蒸汽的光热发电等系统。

国内电解水制氢主要技术路线的性能特点对比见表 3-1。

表 3-1 国内电解水制氢主要技术路线的性能特点对比

项目	碱性电解	SPE 电解	SOEC 电解
技术成熟度	大规模应用	小规模应用	尚未商业化
运行温度	70℃~90℃	50℃~80℃	700℃~850℃
电流密度	0.2~0.8A/cm²	1.0~2.0A/cm²	0.3~1.0A/cm²
单台装置制氢规模	0.5~1000Nm³/h	0.01~200Nm³/h	—
电解槽能耗	47~66kW·h/kg	47~63kW·h/kg	35~50kW·h/kg
系统能耗	50~78kW·h/kg	50~83kW·h/kg	40~50kW·h/kg
转化效率（LHV）	50%~68%	50%~68%	75%~85%
系统寿命	可达 20~30 年	已达 10~20 年	—
启停速度	启停较快，分钟级	启停快，毫秒级	启停慢
动态响应能力	较强	强	较弱
电源质量需求	稳定电源	稳定或波动电源	稳定电源
负荷调节范围	15%~100%额定负荷	5%~120%额定负荷	—
系统运维	有腐蚀液体，后期运维复杂，运维成本高	无腐蚀性液体，运维简单，运维成本低	以技术研究为主，尚无运维需求
占地面积	较大	较小	—
电解槽价格	1500~3000 元/kW（国产）； 4000~8000 元/kW（进口）	8000~15000 元/kW	—
特点	技术成熟、成本低、易于实现大规模应用，但实际电能消耗较大、需要稳定电源	可承受差压大、易于实现小型化与轻量化，但成本较高、规模较小	高温电解能耗低、可采用非贵金属催化剂，但存在电极材料稳定性问题，需要额外加热
与可再生能源的结合	适用于装机规模较大的风力发电系统，但需针对不稳定电源特点开发	适用于装机规模较小、波动性大的光伏发电系统	适用于产生高温、高压蒸汽的光热发电系统

资料来源：IREAN、中国船舶重工集团第七一八研究所、国家能源集团大渡河流域水电开发有限公司、中国华能集团清洁能源技术研究院有限公司、车百智库。

表 3-2 给出了已经商业化的碱性电解槽和 SPE 电解槽关键技术经济指

标现状，以及中期和长期的展望。当前碱性电解槽在效率和经济性上要优于 SPE 电解槽，其中一个很重要的原因就在于现在碱性电解槽的单槽功率要远大于 SPE 电解槽。国内碱性电解槽单槽最大的制氢能力已经达到每小时 1000m^3 氢气，额定功率约合 5MW。国内 SPE 电解槽单槽功率还在数十千瓦量级，国际上功率最大在 1MW 左右。单槽功率高，不仅能够降低单位功率的造价，同时也能够提高系统的转换效率（系统中除了电解槽以外的设备耗能相对恒定）。虽然碱性电解槽技术已经相对成熟，但是仍有通过提高单槽功率或者提高系统中的电解槽数量，以及进一步改进电解槽电化学特性等方式，来降低单位功率的造价和制氢的单位能耗的空间。而 SPE 电解槽由于发展较晚，技术进步空间要大得多，能够大幅降低单位造价到逐渐接近碱性电解槽的水平。

表 3-2 碱性电解槽和 SPE 电解槽关键技术经济指标现状和趋势展望

项目	碱性电解槽			SPE 电解槽		
	2020 年	2030 年	2050 年	2020 年	2030 年	2050 年
电效率/%（LHV）	63~70	65~71	70~80	56~60	63~68	67~74
寿命/万 h	6~9	9~10	10~15	3~9	6~9	10~15
负载范围/%（相比额定负载）	10~110			0~160		
价格/（元/kWe）	1500~3000	1000~1500	600~1000	8000~15000	3000~8000	800~2000

资料来源：IEA、国家发展改革委能源所。

电解制氢的成本主要由电解设备和其他固定资产折旧、日常维护费以及制氢用电成本组成，其中每年的折旧支出和日常维护支出总体上是固定的，因此设备利用率越高，也就是折算的满负荷利用小时数越高，折算到每立方米氢气中的这部分成本就越低，反之如果设备利用率很低，尤其是低于 20%后，则这部分成本将呈现指数级上升。随着满载小时数的增加，固定资产支出对氢气成本的影响逐渐减小，用电成本将成为电解水的主要成本组成部分。通常如果通过电力市场购买低价电力，电力市场中极低成本的电力小时数很小，此时电解槽利用率低，反映固定资产支出的氢成本高。随着工作时间的增加，平均电力成本也会增加，但电解槽利用率的提高会使得单位制氢成本下降，可达到最佳水平，即 3000~6000 个等效满载小时。除此之外，高峰时段较高的电价会导致单位制氢成本增加。因此，低成本电解制氢的关键是要提供较长时间的低成本电力，确保电解槽具有较高的利用率。图 3-1 给出了不同投资和电力成本下计算得到的制氢成本随设备利用小时数的变化。以当前 1500 元/kWe 成本的碱性电解槽制氢为例，在制氢综合能耗为 55kW·h/kg 下满负荷运行 3000h，平均用电成本分别为 0.15 元/(kW·h)、0.3 元/(kW·h) 和 0.6 元/(kW·h) 时，制氢成本分别为 13.4 元/kg、21.8 元/kg 和 38.6 元/kg，如果运行时长提升至 8000h，则制氢成本可分别降低至 10.3 元/kg、18.7 元/kg 和 35.5 元/kg。

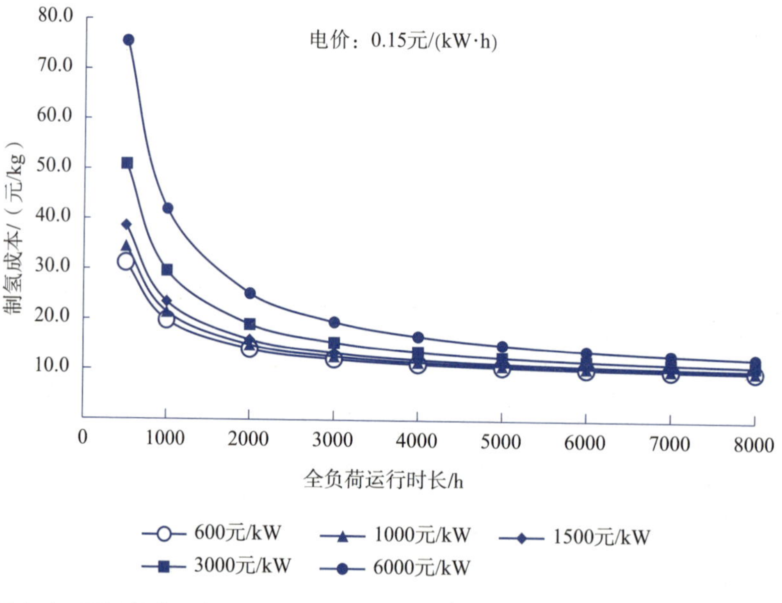

图 3-1　不同投资和电力成本下计算得到的制氢成本随设备利用小时数的变化

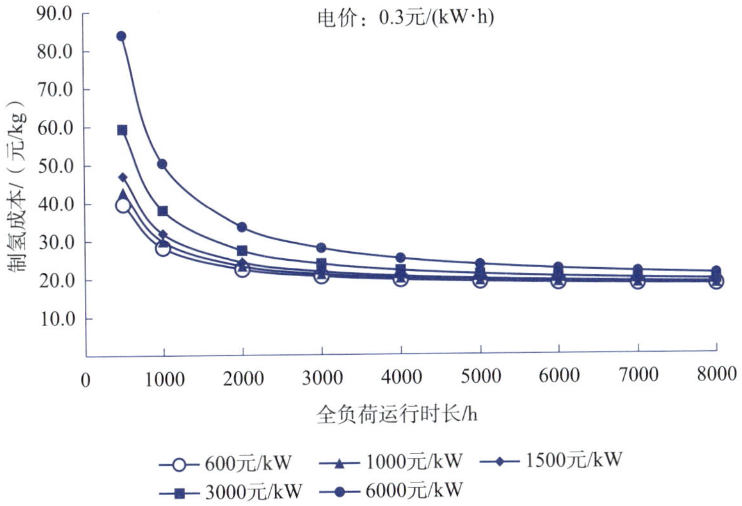

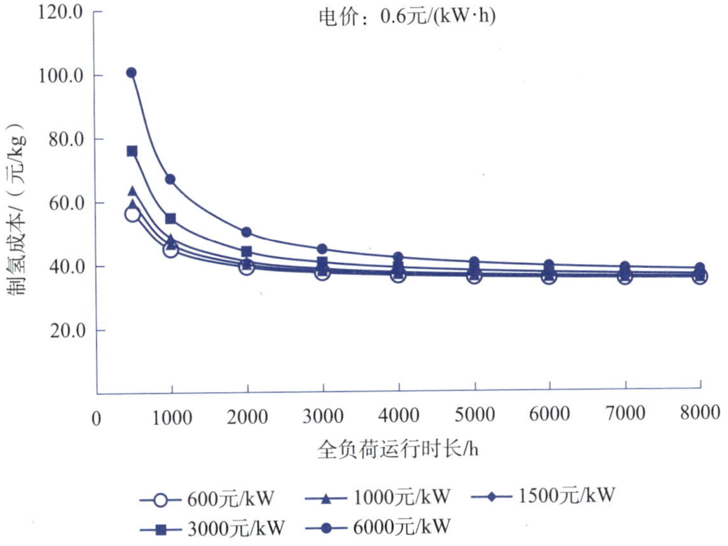

图 3-1　不同投资和电力成本下计算得到的制氢成本随设备利用小时数的变化（续）

注：（1）初始投资：1000m^3/h 制氢能力，电解设备采购单价按照每千瓦 600 元、1000 元、1500 元、3000 元和 6000 元计算，按 15 年直线折旧计算；储存、压缩以及建筑等其他投资约 400 万元，按 20 年直线折旧计算。电解槽寿命一般 15 年，在中期需要大修一次，大修费用按照 10%考虑。

（2）运行成本：不含电费的运行成本主要是水费、日常运维，人员工资等。电解水制氢需要纯水，耗水量约 1kg/m^3，不含电费的年总运行成本约 60 万元。制氢电耗为 55kW · h/kg。

通过测算得到了 2020 年、2030 年和 2050 年的制氢成本随用电成本的变化，如图 3-2 所示。假定 2030 年和 2050 年的制氢电耗、单位功率设备投资以及运行成本均将有一定程度的下降，鉴于设备投资下降后，设备折旧在成本中的比例降低，因此可以减少设备的满负荷利用时长以降低平均用电成本，故假定 2020 年、2030 年和 2050 年的设备满负荷利用时长分别为 4000h、3500h 和 3000h。可以看到，相同电价下，制氢成本逐渐降低，2050 年的制氢成本最低，而且电价越高，制氢成本的差距越大。

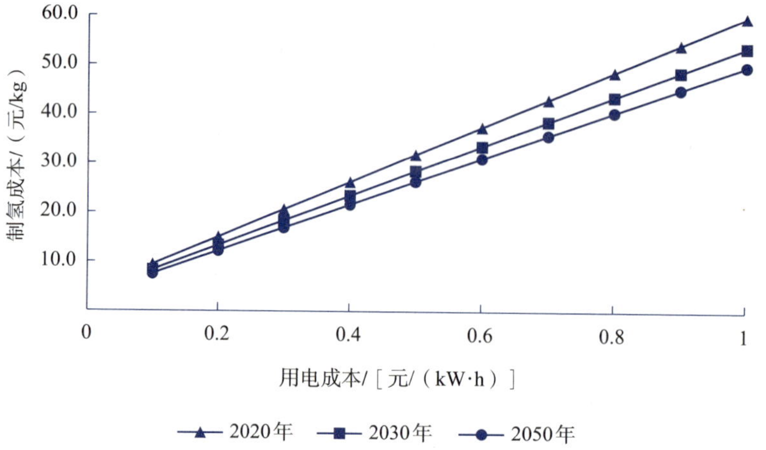

图 3-2 近中远期的氢气生产成本随用电成本变化趋势

注：2020 年、2030 年和 2050 年的设备初始投资按平均每千瓦 1500 元、1100 元和 700 元计算，制氢设备满负荷利用时长分别为 4000h、3500h 和 3000h，运行成本（不含电费、1000Nm^3/h 制氢能力）分别按照 60 万元、50 万元和 40 万元计算，制氢电耗分别按照 55kW · h/kg、50kW · h/kg 和 47kW · h/kg 计算。

如果直接采用可再生能源电力直接制氢的方式，则制氢成本将取决于可再生能源电力的发电成本。根据对各类电源发电成本的估计（图 3-3），预计到 2030 年陆上风电和光伏全国平均度电成本分别为 0. 30 元/(kW · h) 和 0. 24 元/(kW · h)，到 2050 年分别为 0. 24 元/(kW · h) 和 0. 13 元/(kW · h)①，风光资源好的地区的发电成本则将更低。因此本书中假定

① 国家发展改革委能源所，2050 年中国光伏展望，2020。

2030年和2050年直接用可再生能源电力制氢的用电成本可低至0.25元/(kW·h) 和0.15元/(kW·h)，则制氢成本分别将低至约16元/kg和10元/kg。

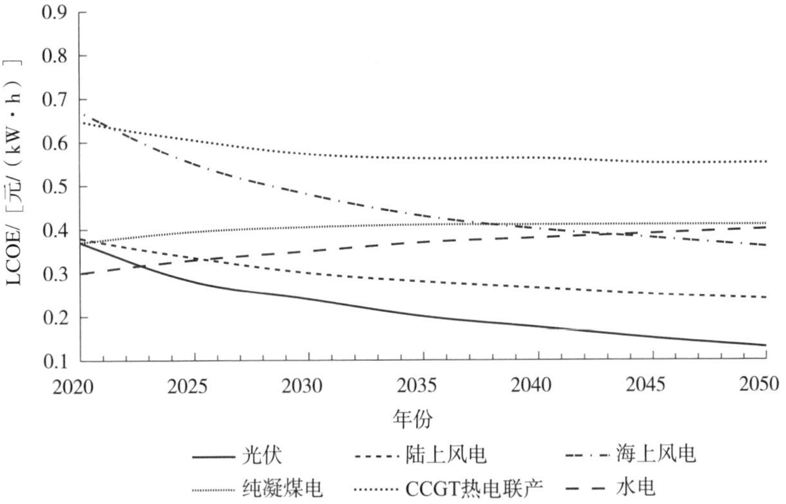

图3-3　主要电源的发电成本变化趋势

资料来源：国家发展改革委能源所，2050年中国光伏展望，2020。

而若使用电网的电制氢，如果电价按全社会平均电价计算［2020年约为0.6元/(kW·h)］，成本均超过30元/kg，远高于煤炭、天然气制氢等传统制氢工艺。如果按照电网的谷电价格，或者未来电力市场中交易的低价电计算，考虑到随着电力市场的不断完善和可再生能源比例的提高，未来低价电比例将不断提高，因此2020年、2030年和2050年平均购电成本假定为0.4元/(kW·h)、0.35元/(kW·h) 和0.3元/(kW·h)，则电网电解制氢成本将分别为27元/kg、21元/kg和17元/kg。虽然高于直接利用可再生能源电力制氢成本，但是电网电解制氢最大的优势是可以将制氢布局在消费区域附近，甚至直接在加氢站现场制氢，从而大幅减免储运的成本，因此未来也成为和可再生能源直接制氢一样重要的制氢方式。

（二）工业副产氢制氢

工业副产氢制氢指认含氢工业尾气为原料的制氢方式。工业副产氢制氢尽管提纯工艺相对复杂，但具有技术成熟、成本低、环境相对友好等优点，有望成为短期内高纯氢气的重要来源。工业含氢尾气主要包括焦炉煤气、氯碱副产气、炼厂干气、合成甲醇及合成氨弛放气等，一般用于回炉助燃或化工生产等，利用效率低，有较高比例的剩余。由于副产氢主要作为化工过程的副产品或放空气，可作为近期低成本的分布式氢能供应源。工业副产氢的供应潜力与成本还可根据生产企业的下游产品结构与产品收益调整。传统炼化企业可在现有氢气生产装置上加建氢气分离提纯和压缩单元，投入成本低，并且可以提高下游产品的多元性和氢气的经济附加值，是企业转型升级的重要战略途径。目前采用变压吸附技术（Pressure Swing Adsorption，PSA）的焦炉煤气制氢、氯碱尾气制氢等装置已经得到推广应用，氢气提纯成本较低，计入综合成本后仍具有明显的经济性优势。

生产 1t 焦炭会副产 350～400m^3 焦炉煤气，其中氢气体积分数约占 55%；工业副产氢气产量、热值、纯度难以统一，也难以和主产品之间进行成本分摊，因此核算工业副产氢的制氢成本难度较大。通过典型案例分析（专栏 3-1）测算工业副产气制氢成本（表 3-3），综合考虑装置规模，参考既有案例研究，可确定焦炉煤气制氢成本范围在 0.8～1.4 元/Nm^3，即 9～16 元/kg。

专栏 3-1　工业副产氢典型案例

项目总体情况：600m^3/h 焦炉煤气制氢装置项目，设备年运行 8000h，年制氢量 480 万 Nm^3。

项目初始投资：设备总投资 350 万元，包括提纯设备、存储以及压缩设备投资。根据项目投资特点计算折旧成本。固定资产按资产类别确定综合折旧年限，残值按照5%，采用直线折旧法计算年折旧为22.17万元，则单位产品折旧成本为0.046元。

运行成本：根据生产报表，生产$1m^3$氢气需消耗焦炉煤气$2m^3$，耗电0.3kW·h，耗循环水34.3kg。$1m^3$焦炉煤气（4200kcal）的购买价以0.4元计，则焦炉煤气采购费用为0.8元；度电成本以0.6元计，则$1m^3$氢气电费成本为0.18元；循环水以0.25元/t计，则$1m^3$氢气耗水费用为0.009元。计算单位生产运行成本为0.989元。项目运行期间每年人工支出为40万元，年维修费、管理费、销售费等合计为30万元，计算单位产品固定成本为0.1455元。

该制氢装置总成本为每立方米氢气1.18元，即每千克氢气成本为13.2元。

表3-3　焦炉煤气提纯制氢成本分析

单位成本的构成		分项成本构成	
项目	数量	项目	数量
单位折旧成本/(元/Nm^3)	0.046	设备总投资/万元	350
		残值/%	5
		年折旧（直线折旧法）/(万元/年)	22.17
单位运行成本/(元/Nm^3)	0.99	焦炉煤气消耗量/(m^3/Nm^3)	2
		耗电量/(kW·h/Nm^3)	0.3
		循环水量/(kg/Nm^3)	34.3
单位固定成本/(元/Nm^3)	0.1455	人工费用/(万元/年)	40
		维修、管理、销售等费用/(万元/年)	30
制氢成本（不包含投资回报率）：1.18元/Nm^3			

资料来源：根据公开资料整理和测算。

注：氢气纯度99.9%，压力1.5MPa；焦炉煤气不含净化部分；循环水费按0.25元/吨计；度电价格按一般工业电价0.6元计，文中取焦炉煤气中氢气含量为55%进行计算。

由于焦炉煤气制氢具有较好的经济性，对于已经实现煤气平衡的钢铁企业来说，如果有合适的氢气用户，可分段投资，逐步置换出焦炉煤气中的氢气。

生产1t烧碱会副产约280m^{3}氢气。尽管大型氯碱装置多数配套盐酸和聚氯乙烯装置以平衡氯气并回收利用副产氢气，但是仅有60%左右的氢气得到回收，以生产盐酸、氯乙烯单体和过氧化氢等，其余氢气大部分都被用作锅炉燃料或者直接放空，因此40%左右的氯碱副产氢气被低水平利用或直接浪费掉。理论上，2018年全国氯碱行业可以提供33万t副产氢气来满足氢能需求。离子膜电解的副产氢气的纯度一般在99.99%以上，一氧化碳含量较低且不含有机硫和无机硫。但氯碱副产氢中含有微量的氯和少量氧，对燃料电池有毒害作用，使膜电极导电率降低，影响发电效率，且易造成管道、设备腐蚀而发生安全事故；其还含有惰性气体氮、氩等杂质，长时间使用将造成燃料电池惰性气体累积，对燃料电池发电效率有一定影响。氯碱工业副产氢的价格为12~16元/kg，用变压吸附提纯成本在1~4元/kg，综合成本为13~20元/kg。

国内丙烷基本为炼油副产品，纯度及杂质含量均难以达到足丙烷脱氢的要求，因此国内建设的丙烷脱氢装置（Propane Dehydrogenation，PDH）通常都采用进口的高纯度液化丙烷。丙烷脱氢后粗氢的纯度已经高达99.8%，变压吸附提纯后可达99.999%，而其中O_2、H_2O、CO和CO_2的含量基本达到燃料电池用氢气的标准要求，仅有总硫含量超出标准，采用成本较低的PSA纯化装置即可用作燃料电池的氢源。丙烷脱氢副产氢成本为11~15元/kg，提纯成本为2.8~5.6元/kg，提纯压缩设施单位投资成本为10000元/(Nm^3·h)，综合成本为14~20元/kg。

合成氨和合成甲醇会有合成放空气及驰放气排出，其中氢气含量为18%~55%。按照2018年合成氨及合成甲醇的产量，则全国的驰放气放空量回收利用的副产氢供应潜力达到118万t。合成氨和合成甲醇企业可通过回收利用现有合成放空气及驰放气、调整下游产品结构等途径实现氢气的外供。目前生产成本折合氢气为 9~16.8 元/kg，提纯成本按照 3.4~5.6 元/kg 计算，则合成氨合成甲醇的副产氢成本为 12~22 元/kg。表 3-4 给出了国内各类工业副产氢气经济性对比。

表 3-4 中国各类工业副产氢气经济性现状对比

类型	折合每千克氢气的副产氢气成本/(元/kg)	提纯成本/(元/kg)	综合成本/(元/kg)
轻烃利用副产氢	11.2~14.6	2.8~5.6	14~20
氯碱副产氢	12.1~15.7	1.1~4.5	13-20
焦炉煤气副产氢	6.7~11.2	2.2~4.5	9~16
合成氨合成甲醇等驰放气副产氢	9~16.8	3.4~5.6	12~22

资料来源：根据公开资料整理和测算。

由于工业副产氢气均来自成熟的化工产业，原料气体成本随时间没有明显的变化规律。但如果考虑生产原料的价格（如煤、原油等）随时间上涨，副产氢气成本将不断上升。提纯成本总体上有一定的下降空间，不过其降幅要比副产氢气成本本身的波动要小一些。因此，总体上而言，2030 年和 2050 年副产氢气的成本范围和当前差别不大，可能略有上涨。

（三）化石能源制氢

煤制氢是当前我国大规模稳定制取廉价工业氢气的主要途径。传统煤制氢采用固定床、流化床、气流床等工艺，合成气中的 CO_2、CO 等体积分数高达 45%~70%，碳排放较高，且含有硫化物等腐蚀性气体，不能满足未来制氢低碳化的要求。近年来，新型煤气化制氢技术也在不断发展，超临界水煤气化技术利用超临界水（温度≥374℃、压力≥22.1MPa）作为均相反应媒介，具有传统煤气化技术无法比拟的气化效率高、氢气成分比例高、污染少等优点，但目前尚未产业化。我国当前煤化工行业发展较为成熟，煤制氢产量大，并可以基于当前的煤气化炉装置生产氢气并利用变压吸附（PSA）技术将其提纯到符合车用氢能要求。但是，煤制氢需要大型的气化设备，并且需要规模化生产才能降低成本，不适合分布式制氢，只适合于大型工厂集中制氢。煤制氢一次装置投资价格较高，单位投资成本在1万~1.7万元/($Nm^3 \cdot h$)，在大规模制氢条件下，其投资与运营成本需在大规模制氢应用下才能够得到有效分摊，由于我国煤炭价格较低，在煤价200~1000元/t时，制氢成本为6.7~12元/kg。

蒸汽重整制氢（Steam Methane Reforming，SMR）在天然气制氢技术中发展较为成熟，应用较为广泛。天然气制氢成本随天然气价格的变化较大，天然气原料成本占到70%~90%，如果利用大型蒸汽重整装置，在天然气价格为1.5~4.5元/Nm^3时，制氢成本为6.7~20元/kg；如果利用中型蒸汽重整装置，由于单位成本较高且转换效率相对较低，制氢成本要高出2.2~4.5元/kg。其生产过程需要将原料气的硫含量降至1ppm以下，以防止重整催化剂的中毒，因此制得氢气的杂质浓度相对较低。我国天然气资源供给有限且含硫量较高，预处理工艺复杂，导致国内天然气制氢的经济性低于国外。

图3-4给出了天然气制氢和煤制氢路线的制氢成本随原料价格变化的情况。两种方法中，煤制氢技术对原材料价格敏感性相对较低，只有在天然气价格很低（低于2元/m^3）时天然气制氢的成本才有一定的优势。以国内液化天然气较为常见的批发价格4000元/t，即2.9元/Nm^3计算，利用大型蒸汽重整装置的氢气总成本为13元/kg。以当前约600元/t价格的煤进行制氢，通过煤气化产生的氢气成本约为9.5元/kg（其中煤成本约为4.5元/kg，98%纯度的工业级氢的合成及提纯成本为5元/kg）。相比之下，煤制氢具有更大的经济性优势。

由于煤制氢和天然气制氢工艺得到的氢气并不能直接用于燃料电池，还需要额外的提纯工艺，这需要增加一定的提纯成本。以工业副产氢提纯成本作为参考，需要额外的2.2~4.5元/kg提纯成本，天然气制氢得到的氢气纯度相对较高，估计其还需1.1~3.4元/kg的额外提纯成本。在当前

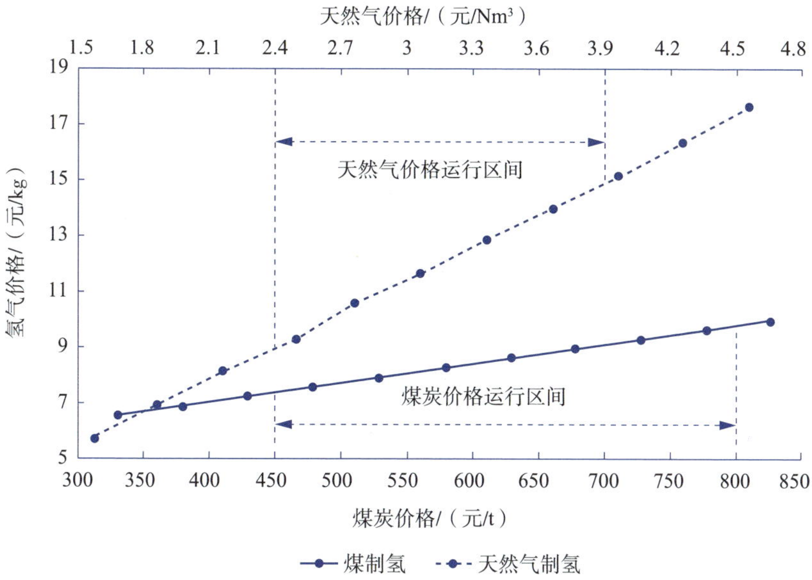

图 3-4　天然气制氢和煤制氢路线的制氢成本随原料价格变化的情况

数据来源：中国氢能联盟、国家发展改革委能源研究所。

的原料价格下，煤制氢成本（约 12. 1 元/kg）仍然要低于天然气制氢（约 14. 6 元/kg）。

另外，如果未来需要对煤制氢和天然气制氢进行碳捕捉，则氢气的生产成本将进一步上升。据相关测算，煤制氢每制备 1kg 氢气需排放约 19kg 二氧化碳，利用 CCUS 技术能有效降低生产过程的碳排放水平。国外已有天然气 SMR+CCUS 结合生产的案例，采取稀释烟气捕获 CO_2 的技术路径可减少 90%以上的碳排放量。根据国外相关案例①，结合 CCUS 的煤制氢将增加 130%的运营成本以及 5%的燃料和投资成本，按照当前每千克二氧化碳需要 0. 65 元的 CCUS 成本计算，每千克氢气的 CCUS 成本高达 12. 3 元/kg。天然气路线由于单位碳排放较低，CCUS 预计将增加约 2. 8 元/kg 的成

① BIROL F. The Future of Hydrogen，Seizing Today's Opportunities，Report prepared by the IEA for the G20，Japan，June 2019.

本。综合考虑额外提纯和 CCUS 成本后，以当前的煤价和天然气价格计算，单位氢气成本天然气制氢工艺约为 17 元/kg，煤制氢为 25 元/kg，天然气制氢在经济性上更具优势。

展望 2030 年和 2050 年，制氢生产成本仍然主要取决于煤和天然气的价格（表 3-5）。考虑到煤和天然气价格总体上会呈现上涨趋势，因此总体上煤制氢和天然气制氢的成本将相比当前有所上升。如果按 2030 年和 2050 年的吨煤价格 700 元和 800 元，一标方天然气价格为 3.5 元和 4.0 元计算，并考虑提纯成本，可以发现煤制氢成本优势将更加明显，主要是由于其随原料价格波动较小。如果考虑 CCUS，则根据 CCUS 技术的发展趋势和目标①，CCUS 的成本预计到 2030 年和 2050 年将降低到每千克二氧化碳 0.15~0.4 元和 0.11~0.24 元，我们取中值计算，则到 2030 年和 2050 年，煤制氢路线每千克氢气的 CCUS 成本将分别降低到 5.2 元和 3.2 元，而天然气制氢路线的 CCUS 成本分别为 1.2 元/kg 和 0.8 元/kg。因此考虑碳排放成本后，虽然 2020 年煤制氢的综合成本高于天然气制氢，但是到 2030 年两者将持平，远期则煤制氢将再度具备价格优势。

表 3-5 煤制氢和天然气制氢价格展望

单位：元/kg

项目	2020 年	2030 年	2050 年
煤制氢（工业用途）	10	10	11
天然气制氢（工业用途）	13	15	18
煤制氢（燃料电池用）	12	13	13
天然气制氢（燃料电池用）	15	17	19
煤制氢（燃料电池用+CCUS）	25	18	17
天然气制氢（燃料电池用+CCUS）	17	18	20

资料来源：根据公开资料整理和测算。

注：2020 年、2030 年和 2050 年的煤价以 600 元/t、700 元/t 和 800 元/t 计算，天然气价格以 2.9 元/m^3、3.5 元/m^3 和 4 元/m^3 计算，CCUS 的成本为 0.65 元/kg、0.28 元/kg 和 0.18 元/kg。

① 米剑锋，马晓芳．中国 CCUS 技术发展趋势分析［J］．中国电机工程学报，2019（9）：2537-2544.

（四）不同工艺制氢路线典型成本及中长期展望

根据前面的讨论结果，本节对当前以及中长期各种制氢路线的典型制氢成本及其构成进行了总结和展望（图 3-5）。各种路线的成本均是按照当前、2030 年和 2050 年以该技术路线最优或者较优的运行方式计算得到的典型值。其中，煤制氢和天然气路线参照表 3-5 的结果给出了其成本和构成，副产氢成本选用焦炉煤气制氢工艺典型项目的结果；电解制氢成本按照图 3-2 所示成本，并将电网电制氢 2020 年、2030 年和 2050 年平均购电成本按 0.4 元/(kW·h)、0.35 元/(kW·h) 和 0.3 元/(kW·h)，可再生能源电力制氢的平均度电成本按照 0.4 元、0.25 元和 0.15 元进行计算。

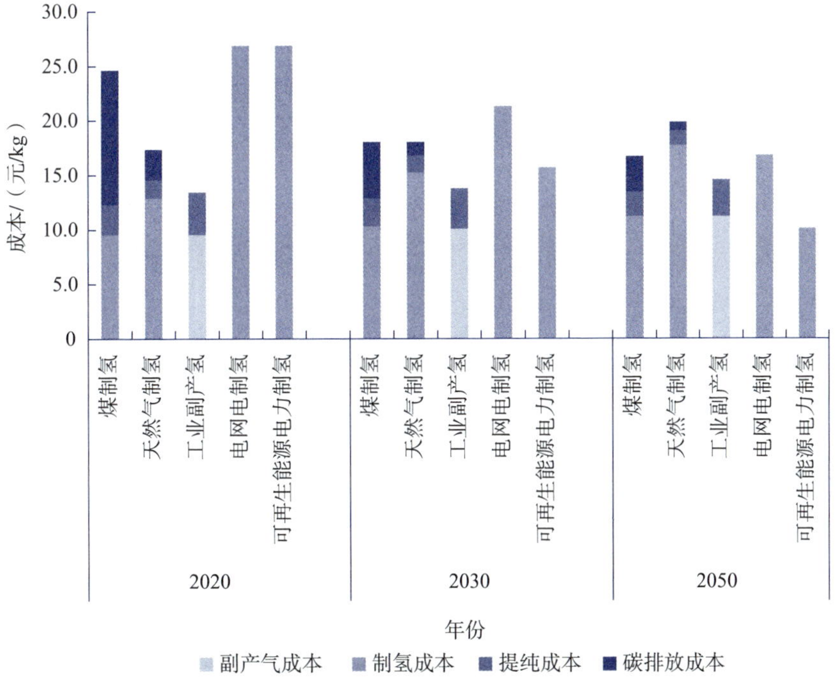

图 3-5 2020 年不同工艺制氢典型成本构成及 2030 年和 2050 年展望

注：工业副产氢参照典型的焦炉煤气案例计算，副产气购买成本有所上升，提纯成本略有下降。

可以看到，如果不考虑碳排放成本，当前煤制氢的成本最低，工业副产氢和天然气制氢价格紧随其后，而相比之下电解制氢的方式则要高出很多；到2030年，采用可再生能源电力制氢的成本虽然仍较高，但是已经十分接近煤制氢和工业副产氢的成本；展望到2050年，随着可再生能源电力度电成本的不断下降，可再生能源电力制氢可降低至10元/kg，届时是成本最低的制氢工艺路线。而随着未来电网电制氢工艺的平均购电成本的不断下降，到2030年和2050年制氢成本有望分别降低至21元/kg和17元/kg，虽然略高于煤制氢和工业副产氢制氢，但是由于具备布局灵活、离加氢站近的优势，在不考虑环境效益的情况下也将逐步具备市场竞争力。

如果考虑碳排放成本，煤制氢和天然气制氢路线增加CCUS工艺，即制氢综合成本加入CCUS的成本，则在2020年，工业副产氢的成本是最低的，其次是天然气制氢，煤制氢由于较高的碳排放强度造成CCUS成本较高，综合成本已经接近于电解制氢。2030年工业副产氢成本仍然最低，其次是采用可再生能源电力制氢；由于CCUS成本下降，煤制氢和天然气制氢综合成本基本持平。到了2050年，可再生能源制氢成本最低，工业副产氢其次，电网电制氢成本降低至和煤制氢的成本同一水平，而天然气制氢则由于天然气价格上涨成为成本最高的制氢方式。

电解制氢工艺中，工艺参数参照图3-2；用电价格，电网电制氢工艺中使用谷电或者电力市场中的低价电，2020年、2030年和2050年平均购电成本为0.4元/(kW·h)、0.35元/(kW·h)和0.3元/(kW·h)；可再生能源电力制氢的平均用电成本分别为0.4元/(kW·h)、0.25元/(kW·h)和0.15元/(kW·h)。

二、氢气储运

氢气输送技术主要包括高压气态输送、管道输氢和液态氢输送。不同储运氢技术都有其适用的应用场景，未来或将会是气态、液态、管道等多种储运方式并存。

（一）高压气态运输

高压气态氢气输送技术将氢气增压至20MPa~40MPa充装到大容积气瓶组，以长管拖车从制氢厂运送至使用厂家或加氢站。长管拖车运输是目前国内最普遍采用的运氢方式，这种方法在技术上已经相当成熟。其工作流程是，先将净化后的氢气经过压缩机压缩至20MPa，通过装气柱装入长管拖车，运输至目的地后，装有氢气的管束与车头分离，经由卸气柱和调压站，将管束内的氢气卸入加氢站的高压、中压、低压储氢罐中分级储存。加氢机按照长管拖车、低压、中压、高压储氢罐的顺序先后取出氢气，对燃料电池车进行加注。

该方法的运输效率较低，国内标准规定长管拖车气瓶公称工作压力为10MPa~30MPa，运输氢气的气瓶多为20MPa。以上海南亮公司生产的TT11-2140-H2-20-I型集装管束箱为例，其工作压力为20MPa，每次可充装体积为4164Nm^3、质量为347kg的氢气，装载后全车总质量33168kg，所运输氢气的重量只占总运输重量的1.05%。此外，20MPa长管拖车氢气装载、卸载十分耗时，两端充卸时长至少需8h，计入运输时间，运输距离如果在200km以内，两端充卸及拖车往返时间已达到16h，单车配置两个司机，则可以实现当日往返；但是如果距离超过200km，要实现单日往返，则需要配置更多的司机或者增加拖车。为了满足500kg/d规模加氢站的加氢需求，需要两台单日往返的长管拖车。

运输成本主要由两部分组成，一部分是和运输距离成正比的可变成本，另一部分是和拖车和司机数量相关的固定成本支出。增加一台拖车，折旧费与人工费会有明显提升。除此之外，油费也会随距离增加而显著上升，这是推动成本上升的第二大因素。表3-6给出了国内典型的20MPa长管拖车的高压氢气运输成本。具体到当运输距离为100km时，氢气运输成本为6.3元/kg；随着运输距离的增加，长管拖车运输成本逐渐上升，当运输距离达到 200km 和 500km 时，运输成本分别达到 8.4 元/kg 和 18.3 元/kg，如图 3-6 所示，其中 200km 和 400km 的折线是由于超过 200km 和 400km 时，分别需要再增加一台拖车以及相应的司机，导致固定成本增加所致。

表 3-6　国内典型的 20MPa 长管拖车压缩氢气运输成本

项目		成本/（元/kg）			
		100km	200km	300km	500km
固定成本	设备折旧	1.32	1.32	1.97	2.63
	人工费	2.19	2.19	3.29	4.38
	车辆保险	0.05	0.05	0.08	0.10
	压缩氢气电费	0.60	0.60	0.60	0.60
变动成本	油费	1.40	2.80	4.20	7.00
	车辆保养	0.24	0.48	0.72	1.20
	过路费	0.48	0.96	1.44	2.40
合计		6.30	8.40	12.30	18.30

资料来源：根据公开资料和调研测算。

注：加氢站加注规模为 500kg/d，长管拖车满载氢气储量 350kg，管束中氢气残余约 25%，每日工作时间为 16h（其中充卸氢气时长一共约 8h）。拖车平均时速为 50kg/h，百公里油耗为 25L，柴油价格为 7 元/L；牵引车价格为 40 万元/辆，折旧期为 10 年；管束价格为 120 万元/台，折旧期为 15 年；压缩氢气耗电为 1kW · h/kg，电价为 0.6 元/(kW · h)；车辆保险为 1 万元/年，保养费为 0.3 元/km；过路费为 0.6 元/km。

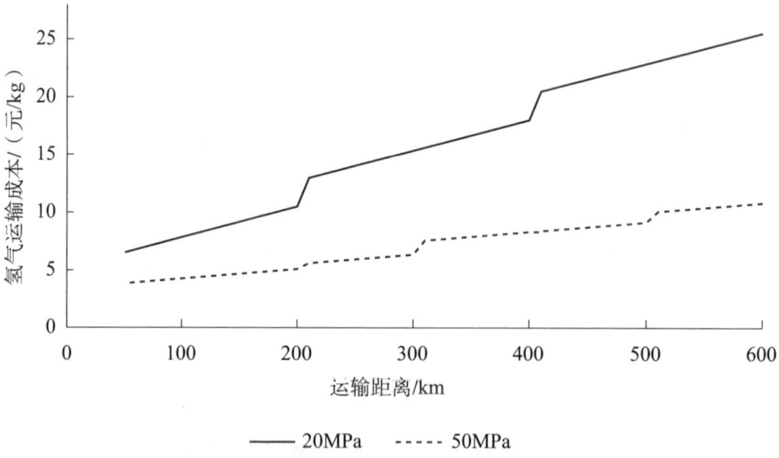

图 3-6　长管拖车氢气运输成本和距离的变化

由于国内标准约束，长管拖车的最高工作压力为20MPa，而国际上已有50MPa的氢气长管拖车。若放宽氢气储运压力标准，增大储气压力，则相同容积管束可容纳更多氢气，从而降低运输成本。比如，如果能将压力提高到50MPa，则可容纳相当于20MPa时2.5倍的氢气，而且由于加氢后残留氢气的量差不多是固定的，所以初始压力越高，加氢后残留比例越少，因此50MPa气瓶装载的有效气体质量接近20MPa的3倍。长管拖车氢气运输成本和距离的变化（20MPa和50MPa）如图3-6所示。50MPa的长管拖车（应用于800kg/d的加氢站）100km和200km运距氢气储运成本约为3.4元/kg和4.1元/kg，相比20MPa长管拖车，成本分别可下降46%和51%；超过200km时需要增加司机，此时300km运距时的成本为4.5元/kg，相比20MPa时更是降低了58%；当超过300km需要增加一辆拖车才能满足加氢站的需求。

（二）液氢运输

液氢运输是指将液氢装在压力通常为0.6MPa的专用低温绝热槽罐内，利用卡车、机车或船舶进行运输。总体来说液氢输送技术较为成熟，国外也已经有一定规模的应用，但国内由于相关的法规标准欠缺，暂时没有液氢卡车罐车，仅有液氢铁路罐车。

与压缩氢气类似，液氢罐车由动力车头、整车托盘、液氢储罐三部分组成。液氢运输需要保持在-253℃的低温，对液氢储存的密封性和隔热性有较高要求，其初期投资成本较高。液氢体积能量密度达到8.5MJ/L，液氢槽罐车的容量大约为65m^3，每次可净运输约4000kg氢气，是氢气拖车单车运量的10倍，大大提高了氢气运输效率。同时液氢充卸时间减少约一半，在液化过程中提高氢气纯度，从而保证了燃料电池的寿命和性能。随着氢能产业的发展，液氢储运是大规模、长距离储运氢的方向之一。其最大的缺点是液化成本高，尤其是制取液氢的能耗较大（液化相同热值的氢气耗电量是压缩氢气的11倍以上），并且液氢储存、输送过程中均有一定的蒸发损耗。

在欧洲、美国和日本，液氢技术已相对成熟并已进入规模化应用阶段，但国内液氢生产、运输、储存装置等标准均为军用标准，民用标准缺失，限制了液氢技术在氢气储运领域的应用。待液氢相关标准和政策规范形成后，国内液氢技术有望凭借储氢密度和传输效率的优势逐步取代压缩氢气的市场份额。

采用液氢槽车储运在长距离、大规模运输上有很强的竞争力。在现有技术条件下，采用液氮预冷循环，液氢生产能耗约为 15kW · h/kg 以上；由于当前液化设备投资较高，导致氢液化的总成本高达约 15 元/kg。相比于高昂的液化成本，液氢的运输成本则要低得多。液氢槽车储运量较大，可减少槽车及人员的配置，尽管长距离运输也会带来成本的提高，但提高的幅度很小，从 100km 时的 16.3 元/kg 提高到 1000km 的 17.5 元/kg，距离较长时（超过 500km）时，液氢的运输成本几乎只有高压气态储运成本（20MPa）的 1/10（图 3-7）。因此，液氢在长距离、大规模的运输中，相较于 20MPa 高压气氢拖车储运有着成本优势。

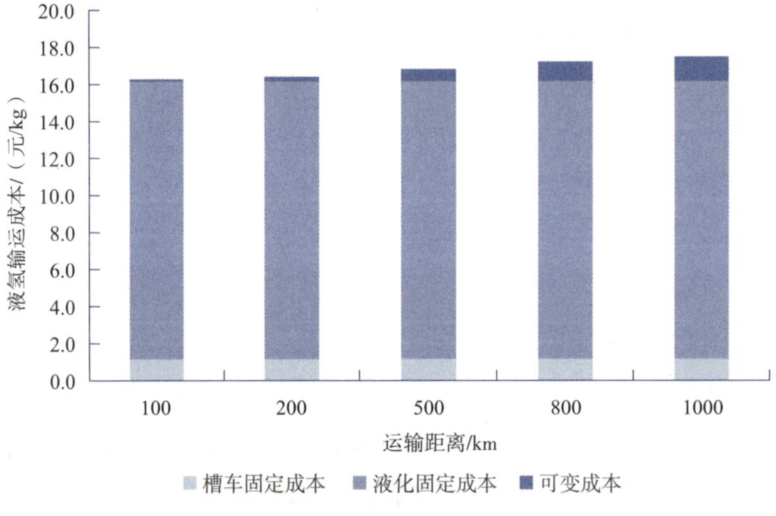

图 3-7　当前不同距离下液氢输运成本及组成

注：氢液化电耗为 15kW · h/kg，电费为 0.6 元/(kW · h)；当前液化设备折旧成本及维护成本约为 6 元/kg；槽车装载量为 65 立方米或 4000kg，每日工作时间为 15h；槽车速度为50km/h，百公里油耗为 25L，柴油价格为 7 元/L；液氢槽车价格为 350 万元，10 年折旧；车辆保险为 1 万元，保养费用为 0.3 元/km；过路费为 0.6 元/km。

可以看到，现有技术条件下，液化过程的能耗和固定投资较大，液化过程的成本几乎占到整个液氢储运环节成本的 90%。在液化设备规模效应和技术进步推动下，液化的单位能耗和设备成本有较大的下降空间。未来面向大规模的液氢生产需求，需要解决氢液化系统效率低、投资大等问题，尤其是需要提高氢液化系统效率。对于大规模液氢装置，可通过改善预冷液化循环、改进压缩机和膨胀机工艺设备等途径，降低氢液化系统的综合能耗和投资成本。综合参考欧洲 IDEALHY 项目的研究结果①，以及国内的技术现状，如果未来液氢实现大规模运行，可将氢液化能耗和装置投资成本大幅降低，预计到 2030 年和 2050 年，国内氢液化电耗有望下降至 10kW · h/kg 和 7kW · h/kg，液氢设备单位投资也将相比 2020 年下降 50% 和 80%，从而推动氢液化成本比当前降低 40% 和 60%，500km 运距时的液氢运输全成本在 2030 年和 2050 年分别约为 11 元/kg 和 8 元/kg（图 3-8）。

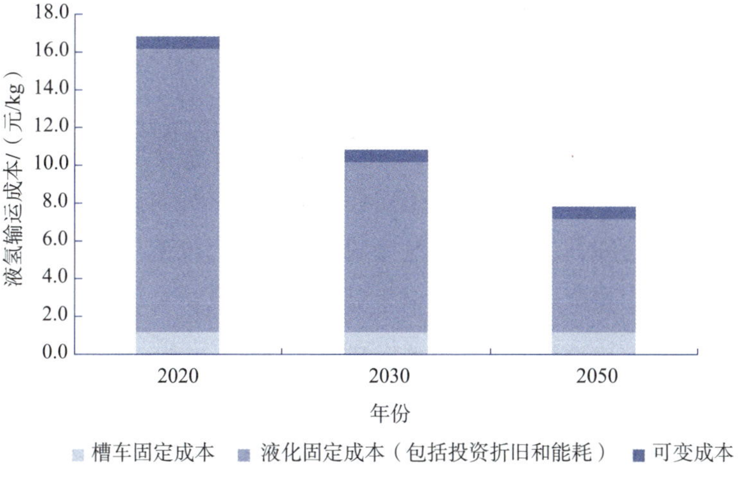

图 3-8　当前和未来液氢输运（500km）成本及组成展望

注：2020 年、2030 年和 2050 年氢液化电耗分别为 15kW · h/kg、10kW · h/kg 和 7kW · h/kg，液化设备投资 2030 年和 2050 年折合每公斤液氢分别下降 50%和 80%。当前液化设备折旧成本及维护成本约为 6 元/kg；槽车固定成本和可变成本不变，且同图 3-7。

① CARDELLA U，DECKER L，KLEIN H. Roadmap to economically viable hydrogen liquefaction [J]. International Journal of Hydrogen Energy，2017.

（三）管道运输

管道运输适用于大规模、长距离的氢气运输，可有效降低运输成本。随着氢能产业的快速发展，新建输氢管网可以满足巨大的用氢需求，是大规模、长距离氢气运输的发展趋势。

管道氢气运输的工作压力为 1MPa～4MPa，其氢气压缩成本更低。美国和欧洲已有 70 年氢气管网的发展历史，截至 2016 年底，全球共有氢气管道 4542km，其中美国为 2608km、欧洲为 1598km，而中国仅为约 100km。如中国石化洛阳炼化济源—洛阳的氢气输送管道全长为 25km，年输气量为 10 万吨；乌海—银川焦炉煤气输气管线管道全长为 216km，年输气量达 16.1 亿 Nm^3，主要用于输送焦炉煤气和氢气混合气；巴陵—长岭输氢管道全长 42km，投资额 1.9 亿元。根据《中国氢能产业基础设施发展蓝皮书（2016）》的预计，到 2030 年，我国将建成 3000km 以上的氢气长输管道。但氢气管道建设成本较高，现有氢气管道均由制氢企业运营，用于向化工和炼油设备运送成品氢气。新建氢气管道不仅投资成本大，建设周期长，还涉及用地、拆建等问题。天然气管道造价为 12.5 万～50 万美元/km，不足氢气管道造价的一半。国外相关研究显示，含 20%体积比氢气的天然气—氢气混合燃料可以直接使用目前的天然气运输管道运输，运输后对混合气进行提纯，从而既可以充分利用现有管道设施，也能降低氢气运输成本。目前，德国、法国、西班牙等欧洲国家已将氢气混入天然气管道进行运输，作为经济解决氢气运输设施不足的有效方式。

目前全球天然气管道约 300 万 km，是氢气管道长度的 600 倍以上，但由于氢气运输的管材容易发生氢脆（金属与氢气反应），造成氢气逃逸，因此需选用含碳量低的材料作为氢气管道。此外，虽然氢气在管道中的流速是天然气的 2.8 倍，但由于氢气的体积能量密度小，同体积氢气能量密度仅为天然气的 1/3，因此通过同一管道输送相同能量的氢气和天然气，用于氢气运输的泵站压缩机功率高于天然气，导致氢气运输的可变成本偏高。

参考两条氢气管道的基本参数（表 3-7），对管道运氢的成本进行了测算，见表3-8。对年输送能力约10万吨的氢气管道，压缩每公斤氢气所消耗的电量是一定的，因为运输气体损耗导致的成本也是一定的，管道运氢成本增长的驱动因素主要是与输送距离正相关的管材折旧及维护费用。在管道实现满负荷利用时，输送距离100km对应的运氢成本为2.13元/kg，仅为同等距离下20MPa气氢拖车成本的1/3；而距离增加到1000km时运氢成本只增加到4.81元/kg，可见通过管道运输氢气可以有效降低成本。

表3-7　中国两条氢气管道参数对比

项目	巴陵—长岭	济源—洛阳
建成时间	2014年4月	2015年8月
全长	42km	25km
年输氢量	4.42万吨	10万吨
设计压力	4MPa	4MPa
投资额	1.9亿元	1.46亿元
单位投资额	452万元/km	584万元/km

资料来源：根据公开资料和调研整理。

表3-8　氢气管道运输成本测算

测算类型		100%利用率的成本/(元/kg)			25%利用率的成本/(元/kg)		
		100km	500km	1000km	100km	500km	1000km
可变成本	管道折旧	0.29	1.45	2.91	1.16	5.82	11.63
	管线配气站维护成本	0.04	0.22	0.44	0.17	0.87	1.75
固定成本	气体损耗成本	1.20	1.20	1.20	1.20	1.20	1.20
	氢气压缩电费	0.60	0.60	0.60	0.60	0.60	0.60
合计成本		2.13	3.47	4.81	3.14	8.49	15.18

资料来源：根据公开资料和调研测算。

注：管道长度为25km时的总投资额为1.46亿元，即单位长度投资额为584万元/km，年输氢能力为10万t，运输过程氢气（氢气入网价假设为15元/kg）损耗率为8%，管线配气站维护费用以投资额的15%计算，氢气压缩过程耗电为1kW·h/kg，电价为0.6元/(kW·h)，管道寿命为20年。

此外，氢气管道运输的成本与管道利用率直接相关，若利用率下降，则成本将明显提升，如图 3-9 所示。如当利用率降低到 25%时，100km 和 1000km 距离的运氢成本分别提高到 3. 14 元/kg 和 15. 18 元/kg，分别是满负荷利用时的 1. 5 倍和 3. 2 倍，虽然比 20MPa 长管拖车经济性要好，但成本已经高于 50MPa 标准的长管拖车。在当前加氢站尚未普及、站点较为分散的情况下，管道运氢的成本优势并不明显。因此，管道运氢适合大规模集中式氢气的运输和利用，确保前后端市场规模是推广管道输氢的必要条件。

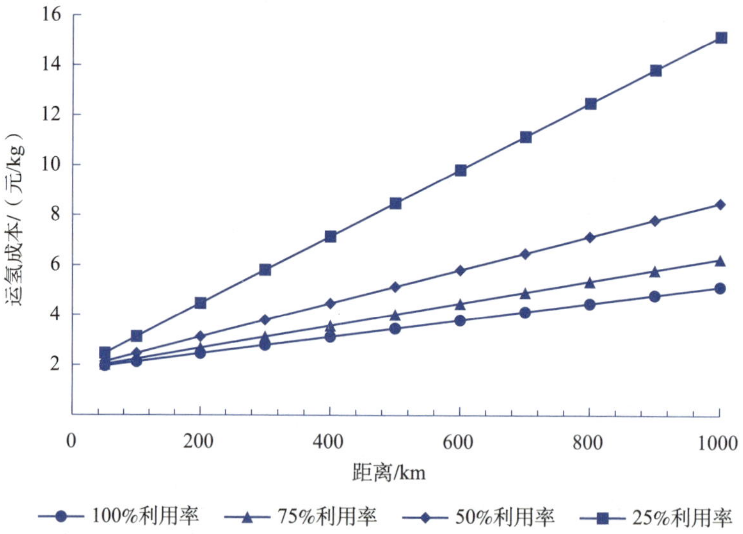

图 3-9　不同管道利用率下，管道输氢成本随距离的变化

（四）综合对比

综上所述，三种氢气运输方式的成本随着运输规模和距离的差异表现出不同的变化规律。压缩氢气长管拖车初始投资小，最为灵活，适合小规模、短运距的应用场景，尤其是将其运输压力标准提高到 50MPa 时，此种方式适合在氢能发展初期作为主要的运输手段，在大规模发展之后适合作为管道运输之外短距离运输的补充。管道初始投资最大，是一种适合大规模且长短距离皆可的运输方式，当负荷利用率超过 50%时，运输成本即比长管拖车和液氢都要低，因此十分适合在氢能大规模发展之后作为主要的运输手段。液氢罐车运输作为一种成本相对较高的适合长距离运输的方式，可以作为一种必要的补充方式，发挥其相对管道运输更为灵活的优势，进行中等规模的中长距离的点对点运输。总体而言，在不同发展阶段，三种运氢方式的适应性也将有所不同。不同运输距离下，各种运氢方式中长期成本对比如图 3-10 所示。

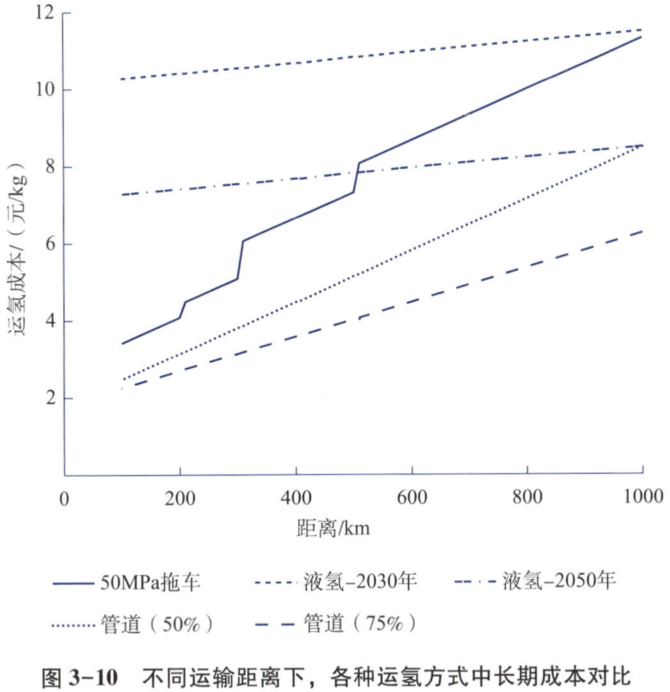

图 3-10　不同运输距离下，各种运氢方式中长期成本对比

三、加氢

一个典型的加氢站由压缩系统、储存系统、加注系统和控制系统等部分组成，部分加氢站还包括站内制氢系统。从站外运达或站内制取纯化后的高纯氢气，通过氢气压缩系统压缩至一定压力，储存在固定式高压容器中。当需要加注氢气时，氢气在加氢站固定高压容器与车载储氢容器之间的高压差的作用下，通过加注系统快速充装至车载储氢容器。虽然液压活塞式压缩机操作简单、灵活性大，但由于其工作原理是在活塞往复运动中压缩氢气，容易造成氢气的污染和泄漏，且散热性较差。相较而言，依靠金属膜片在气缸中做往复运动的隔膜式压缩机具有散热性能好、压缩比大、密封性能强、不污染压缩介质等优点，在加氢站的应用更为广泛。隔膜式压缩机输出压力极限可超过 100MPa，足以满足加氢站 70MPa 以上的压力要求。

我国的 35MPa 加氢站技术已趋于成熟，加氢站的设计、建设以及三大关键设备：45MPa 大容积储氢罐、35MPa 加氢机和 45MPa 隔膜式压缩机均已实现国产化。目前，我国已经开始主攻 70MPa 加氢站技术，2016 年我国首座利用风光互补发电制氢的 70MPa 加氢站（同济—新源加氢站）在大连建成。国外生产氢气压缩机的主要厂商有美国 PDC、英国豪顿、德国 Andreas Hofer，成本相对较高。随着市场规模的扩大，在技术进步及规模效应下，压缩机、储氢罐等设备的单位投资成本将大幅下降。以压缩机为例，未来，在国内加氢站与生产压缩机的外企加强合作以及国产化加快的情况下，预计可以将压缩机成本减少 50%以上。

加氢站的投资成本高。2020 年，一座加注能力 500kg/d 的加氢站投资规模大约需要 1200 万元左右，相当于传统加油站的 3 倍，除建设成本外，设备维护、运营、人工等费用也将进一步加大。500kg/d 的加氢站终端售价还需在氢气到站价的基础上增加至少约 11 元/kg 运营成本，而且考虑到现阶段用氢需求量较小，加氢站每天加氢量远未达到设计指标，假如加氢量只有设计加注能力的 50%，加氢成本将超过 20 元/kg。要降低加氢成本，除了要提高使用效率，以及通过技术进步和规模效应降低设备投资外，提高单个加氢站的日加氢能力是一个有效方法。当加氢能力提高到 1000kg/d 时，加氢量提高一倍，但是固定成本支出并不等比例增加，只是提高了 50%左右；同样加氢规模提高将摊薄人工和运营维护成本支出，总的加氢成本将降低到约 8.2 元/kg；当加氢量提升至 2000kg/d 时，加氢成本可以进一步降低至 5.2 元/kg，不到 500kg/d 加氢站加氢成本的一半（表 3-9）。

表 3-9　国内典型 35MPa 加氢站成本测算

成本项目		500kg/d	1000kg/d	2000kg/d
固定成本	设备及安装/万元	800	1300	1700
	土地、土建、审批/万元	400	500	600
可变成本	设备折旧/（万元/年）	90	147	190
	人工成本/（万元/年）	32	48	64
	管理运营/（万元/年）	40	50	60
总成本/（万元/年）		165	245	314
单位成本/（元/kg）		11.0	8.2	5.2

资料来源：根据公开资料和调研测算。

注：占地约 5000m^2，氢气压缩 43MPa~45MPa，氢气加注 32MPa~35MPa，每年工作 300 天，设备折旧 10 年，土地房屋折旧 30 年。

现阶段，由于市场用氢需求较小，各地的用氢市场规模、氢源供应、加氢站类型不一，且制氢、储运、加氢各环节的商业模式还未成形，因此，不同区域、不同模式的加氢站氢气销售价格差异较大，价格区间在 30~80元/kg，见表 3-10，部分加氢站处于盈亏平衡或亏损状态。总体而言，随着氢气使用规模的扩大和技术进步，氢气制、储、运、加各环节成本均将有不同程度的下降，因此终端加氢成本有望不断降低，当前典型终端加氢成本约为 55 元/kg，未来有望逐步降低到 20~30 元/kg。中国终端用氢成本及组成展望如图 3-11 所示。

表 3-10　2020 年中国部分加氢站的氢气销售价格

地区	加氢站类型	氢气销售价格
佛山市南海区	外供氢加氢站	60~80 元/kg
上海市	外供氢加氢站	60~70 元/kg

续表

地区	加氢站类型	氢气销售价格
大同市	在站电解水制氢一体站 （由于法规限制，目前采用外供氢模式）	50 元/kg
张家口市东望山乡	在站电解水制氢一体站 （加氢协议价）	30 元/kg

资料来源：公开资料、车百智库。

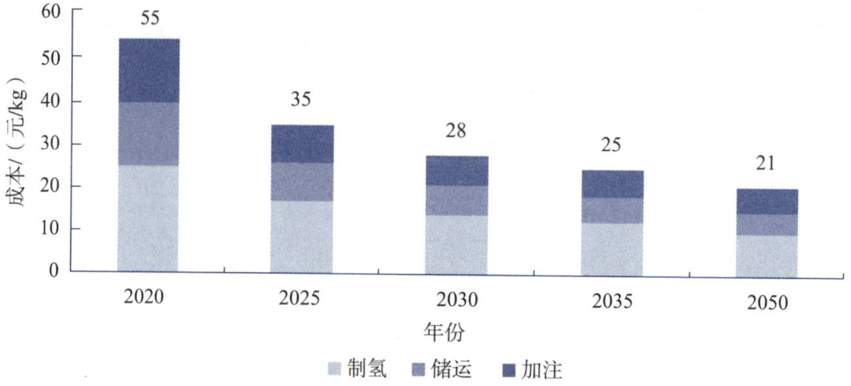

图 3-11　中国终端用氢成本及组成展望

第四章

氢能应用技术经济性分析

一、交通

决定传统燃油汽车与各类新能源车辆技术路线市场竞争力的关键因素是技术经济性。关于各类技术路线经济性的研究主要集中在全生命周期成本的分析及不同运营模式（私家车、商务车、出租车、公交车、货运车等）下各类技术路线的成本比较上。全生命周期成本分析一般可分为初始投资（如车辆购置、加油或充电基础设施等）分析、运营成本（燃料费用、车辆维修保养、税费、保险等）分析、报废回收成本分析等。由于燃油车和新能源车在车辆运营成本的差别主要体现在燃料费用（油/电/氢）上，为简化起见，本章对比燃料车与新能源车的全生命周期成本主要考虑两部分，一部分是车辆的购置成本，另一部分是能耗成本。

对于车辆的购置成本，除了动力系统成本差别比较大以外，其他部件的成本差别相对较小，因此在考虑不同类型车辆的购置成本差异时，只需考虑动力系统的差别，即只需考虑燃油车的发动机、电动车的锂电池系统、燃料电池车的燃料电池系统和储氢瓶这几者之间的差异。对于燃料电池车，由于作为其功率单元的燃料电池系统和作为其能量单元的储氢瓶是独立的，而且价格都比较高，因此二者的成本均需要考虑；对于电动汽车，锂电池系统成本占购车成本的主要比例。

燃料电池系统（FC）是燃料电池汽车最核心的部件，为汽车提供动力。它的核心是燃料电池电堆，其成本占整个燃料电池系统成本的一半以上。另外，燃料电池系统还包含其他相关的辅件，如空气压缩机、氢气循环系统、增湿器等。燃料电池电堆主要由膜电极组件和双极板构成，其中膜电极组件是燃料电池电堆的核心，膜电极组件技术不仅在整个电池系统中占据最核心的位置，其成本同样也是电堆成本的主要部分（图 4-1）。

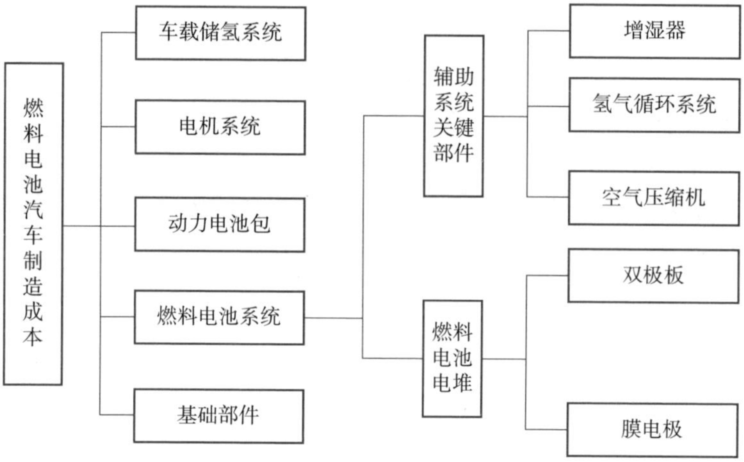

图 4-1　燃料电池汽车主要构成

2020 年国内商用车的燃料电池电堆价格总体保持在 3000 元/kW 以上，整个燃料电池系统价格在 5000 元/kW 以上，100kW 的燃料电池系统价格在 50 万元以上。高昂的价格是限制当前燃料电池汽车规模化推广的主要因素之一。除了燃料电池系统外，储氢系统不仅决定了车的续航能力，其成本也是整车成本构成中的重要部分。用于燃料电池汽车中的储氢瓶，目前国际上有纤维缠绕金属内胆（Ⅲ型瓶）和纤维缠绕树脂内胆（Ⅳ型瓶）两大类，压力标准分别为 35MPa 和 70MPa。例如，日本的丰田 Mirai 乘用车已经采用 70MPa 的Ⅳ型瓶，其质量储氢密度高达 5.7%。国内受制于技术限制和安全标准，目前只能选用 35MPa 的Ⅲ型瓶。常用碳纤维缠绕铝合金内胆气瓶的Ⅲ型瓶，质量储氢密度约为 4%，如常见的用于商用客车的 140L 体积的Ⅲ型瓶，气瓶重约 81kg，储氢量约 3.5kg，2020 年市场价格为每个 1 万元左右，每千克储氢成本约为 3000 元。扩大产能及提升系统电量

/功率比可有效提升车用燃料电池及储氢系统的经济性。对于燃料电池系统，根据美国能源部（Department of Energy，DOE）预测，当车辆产能达到50万辆/年后，其成本可降低至53美元/kW，随着产能进一步扩大，其成本有望进一步降低至30~40美元/kW，相比于当前超过5000元/kW的系统成本，其成本有着巨大的下降潜力。按照18%的学习率测算，当累计应用10万辆车（2025年）时，每车燃料电池平均功率为80kW，燃料电池累计推广规模为800万kW，系统成本将降低到1500元/kW；当进一步累计应用80万辆（2030年）时，每车燃料电池平均功率为120kW，燃料电池累计推广规模为9600万kW，系统成本预计降低到750元/kW，如图4-2所示。而对于电动汽车来说，2020年三元正极材料的锂离子电池系统成本为1000~1100元/(kW·h)，而磷酸铁锂正极材料的锂离子电池系统成本则不到1000元/(kW·h)。2016年发布的《节能与新能源汽车技术路线图1.0》指出，2025年锂离子电池单体成本有望达到800元/(kW·h)，系统成本有望达到1000元/(kW·h)；2030年锂离子电池单体成本有望达到600元/(kW·h)，系统成本有望达到800元/(kW·h)。根据国际能源署（International Energy Agency，IEA）预测，2030年锂离子电池成本有望降低至100美元/(kW·h)。从目前的发展情况看，锂离子电池成本下降速度应能够超过路线图中的目标速度，更接近IEA预测的结果。

尽管如此，燃料电池电堆成本下降速率仍将明显高于锂离子电池，其原因主要在于：①目前锂离子电池产业已具备较大规模，成本下降速率已逐渐趋于稳定，而燃料电池产业仍处在发展初期，其成本具有巨大下降潜力；②电堆成本是燃料电池成本的主要组成部分，电堆中除铂催化剂外，其他材料主要为常见的石墨、塑料、钢等，几乎不存在类似于锂、钴、镍等稀缺材料对锂电池产业的限制。近十年来，铂消耗下降90%以上，例如，丰田Mirai燃料电池铂含量仅为0.17g/kW，未来有望降低至0.05g/kW，从而大幅降低电堆成本。

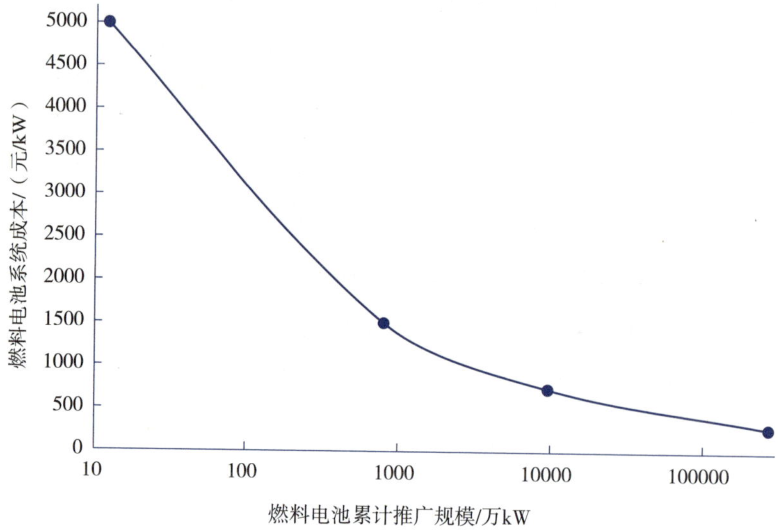

图 4-2　燃料电池系统成本和推广规模变化关系（按 18%的学习率计算）

结合近几年燃料电池系统以及锂电池系统的最新技术进展和成本变化，表 4-1 预测了 2020—2050 年主要动力部件的价格变化趋势。

表 4-1　核心动力部件价格预测

年份	乘用车燃料电池系统/（元/kW）	商用车燃料电池系统/（元/kW）	氢气瓶价格/（元/kg）	锂电池系统/［元/（kW·h）］
2020	6000	5000	3000	1050
2025	2000	1500	2100	800
2030	800	750	1500	640
2050	280	280	800	400

资料来源：根据公开资料和调研预测。

除了购置成本外，能耗成本对全生命周期成本同样至关重要。充电费用主要有两部分：一个是电价，另一个是充电服务费或者自建充电桩的成本。影响电价的因素十分复杂，包括所在省份的电价水平、用电性质（居民、工商业或大工业用电等）、非居民用户电网接入的电压等级、用电时段（峰谷电价）等。近年来，国家一直在努力降低用户用电成本，2018 年和 2019 年连续两年推出了降低 10%一般工商业用电价格的政策措施，整体用电价格连续下降。此外，以光伏、风电为代表的新能源电力发电成本快速下降，从中长期来看，有望通过有序充电等方式实现整体充电成本稳中有降。充电服务费当前平均价格约为 0.5 元/(kW・h)。随着新能源车辆的增加，一方面，充电桩利用率有望提升，从而摊薄设备投资；另一方面，充电桩设备的价格也将随着规模增大而实现较为明显的下降，因此预计充电服务费将在现有水平上下降幅度较大。用氢价格主要由制氢、氢储运和加氢三部分构成，结合第三章给出的成本现状和未来的下降潜力，表 4-2 对当前以及中长期的用氢、充电、加油价格进行了展望。

表 4-2 加油、加氢、充电单价假设

年份	加氢价格/（元/kg）	充电价格/[元/(kW・h)]	汽油价格/（元/L）	柴油价格/（元/L）	液化天然气（LNG）价格/（元/kg）
2020	55	1.3	7.0	6.5	4.5
2025	35	1.2	7.7	7.2	5
2030	28	1.1	8.1	7.5	5.5
2050	21	1.0	8.9	8.2	6.5

资料来源：根据公开资料和调研预测。

（一）乘用车

国内的燃料电池乘用车车型较少，与燃料电池商用车相比，国内车厂对燃料电池乘用车的关注度相对也较低。例如，入围 2016 年《免征车辆购置税的新能源汽车车型目录》（第九批）的上汽的荣威 950 乘用车，整车额定功率为 55kW，最大输出功率约为 110kW，储氢量为 4.34kg，整车最大续航里程为 400km，因此，与丰田 Mirai 相比，其在技术上（包括功率和续航）和电池寿命上都有比较明显的差距，而且距离规模化生产还有很长的路要走；2020 年 7 月广汽集团的首款氢燃料电池乘用车 Aion LX Fuel Cell 首次亮相，该车采用“燃料电池+动力电池”混合动力系统，系统综合可输出功率超 150kW，搭载 53L 和 77L 的两个 70MPa 氢罐，新标欧洲循环测试（New European Driving Cycle，NEDC）续航超 650km；同年 9 月，长城汽车官方透露，长城汽车即将推出的首款燃料电池运动型多用途汽车（Sport Utility Vehicle，SUV）将搭载 95kW 燃料电池系统，并将于 2021 年实现量产；此外，上汽集团也发布首款氢燃料电池多用途汽车（Multi-Purpose Vehicles，MPV）——上汽大通 MAXUS EUNIQ 7。

结合不同类型的乘用车目前的发展现状以及未来可能的技术发展路径，同时对其全生命周期成本进行对比，表 4-3 给出了不同类型乘用车（燃料电池车、纯电动车、燃油车）2020 年、2030 年和 2050 年车辆的动力配置情况，同时展望了各阶段的百公里能耗和整车购量价格情况。对于电动车，给定了中等续航（约 400km）和长续航（超过 600km）两种配置。对于燃料电池乘用车，由于电堆成本在相当长时间内仍将处于较高水平，为了降低整车成本，该类型车近中期将类似客车采用技术难度相对较小、成本较低的“燃料电池+锂电池”的混合模式；随着电堆技术的进步和成本的降低，电堆功率将逐步提高，电池容量将逐步减小，2030 年有望只用燃料电池来驱动汽车。从整车购置成本看，燃料电池车初期远高于电动车和燃油车，随着电池和储氢系统成本的大幅下降，到 2050 年整车成本虽然比燃油车高约 20%，但将与中等续航的电动车持平，且低于长续航电动车。由于燃料电池乘用车还处于规模化初期，技术进步空间更大，因此预计燃料电池车的单位能耗下降空间将大于电动乘用车和燃油车。

表 4-3　不同类型乘用车动力系统配置、百公里能耗以及整车购置价格展望

车辆类型	项目	2020 年	2030 年	2050 年
燃料电池乘用车	动力配置和能耗	50kW FC+20 kW · h 锂电池；5kg 氢气；1kg/100km	100kW FC；5kg 氢气；0. 75kg/100km	100kW FC；5kg 氢气；0. 6kg/100km
	购置价格/万元	50	17. 7	10. 2

续表

车辆类型	项目	2020 年	2030 年	2050 年
纯电动乘用车—中等续航	电池配置和能耗	55kW · h; 14kW · h/100km	55kW · h; 12kW · h/100km	55kW · h; 10kW · h/100km
	购置价格/万元	15.8	12.0	10.2
纯电动乘用车—长续航	电池配置和能耗	90kW · h; 16kW · h/100km	90kW · h; 13kW · h/100km	90kW · h; 11kW · h/100km
	购置价格/万元	19.5	14.2	11.6
汽油车	动力配置和能耗	100kW; 6L/100km	100kW; 5.1L/100km	100kW; 4.2L/100km
	购置价格/万元	11	9.9	8.5

资料来源：根据公开资料和调研预测。

图 4-3 和图 4-4 给出了不同类型乘用车的购置成本和能耗成本折合到单位里程的全生命周期成本对比。

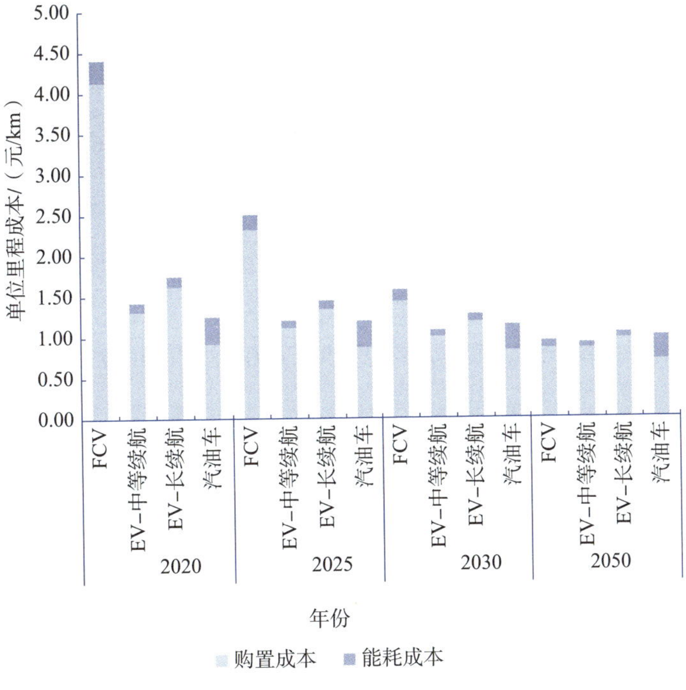

图 4-3　不同类型乘用车（家用车，年里程 1.2 万 km）单位里程的全生命周期成本对比

一般家庭用的乘用车（年均里程 1.2 万 km），由于行驶里程数较少，能耗成本占比较小，经济性主要由购置成本决定。预计 2030 年之前，只有中等续航的电动车将在 2025—2030 年实现全生命周期成本比燃油车更低，FCV 和长续航电动车的经济性则仍不如燃油车，不过差距将不断缩小。预计到 2050 年，中等续航的电动车和 FCV 将均比燃油车具有更好的经济性，而长续航的电动车的全生命周期成本则最高。

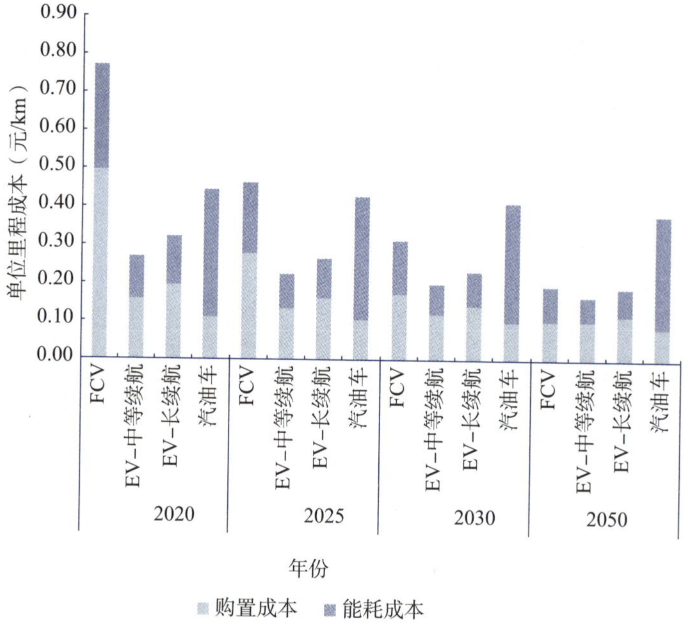

图 4–4　不同类型乘用车（出租车，年里程 10 万 km）单位里程的全生命周期成本对比

未来，出租车、网约车等行驶里程多的车辆（日均里程超过 300km，年里程 10 万 km），购置成本占比将大大降低。当前不管是中等续航还是长续航的电动车，由于其明显降低的能耗成本（百公里 11~13 元，远小于燃油车的百公里 33 元），全生命周期经济性已经超过燃油车，随着电动车购置成本的下降，电动车相比燃油车的经济性优势将更加明显。FCV 由于当前购车和用氢价格都较高，成本明显高于电动车和燃油车，随着车和氢成本的降低，在 2025 年左右将比燃油车更具成本优势，且同电动车的差距将不断缩小。

虽然上述两种情景下，FCV 的经济性都不如 EV，但是考虑到 2030 年以后 FCV 与长续航电动车的差距并不明显，以及 FCV 加氢的速度优势，同时在寒冷地区 EV 有着续航里程明显减少的劣势，燃料电池乘用车仍有望在部分地区尤其是北方严寒地区占据一定的市场。

（二）商用客车

燃料电池商用车对城市的绿色低碳发展十分重要，并且有巨大经济潜力。相对于乘用车的开发，燃料电池商用车有其独特的优势：燃料电池商用车空间相对较大，对燃料电池系统的紧凑性要求低；商用车生产企业一般均选用外购的发动机，并不独立开发动力技术和系统，因此商用车企业习惯于与开发动力系统的企业合作，以有利于燃料电池企业的发展；燃料电池商用车，特别是公交用车多为定点运营，运行时间、运行路线路况等相对稳定，对辅助设施特别是加氢设施的需求相对较少；政府部门对于燃料电池商用车有一定的补贴和项目支持，不仅有助于相关企业提高产品技术，而且降低了中小型企业发展燃料电池市场的风险。

受新能源车补贴政策以及国内产业技术特点的影响，国内燃料电池大巴基本都采用“燃料电池+锂电池”的“电—电”混合的方式提供动力，比如早期燃料电池商用车普遍采用典型的“30kW 燃料电池+约 60kW · h 锂电池+约 120kW 电机”模式来提供动力。“电—电”混合的优势在于既能发挥燃料电池续航能力强（通过增加氢气罐数量或者增大容积）的优势，又能够通过锂电池有效弥补燃料电池功率不足的问题。“电—电”混合模式降低了纯燃料电池驱动带来的技术挑战。同时，在现阶段燃料电池系统成本仍高达 5000 元/kW 以上的情况下，使用中等功率的燃料电池电堆能够有效降低整车的成本，又能够保证整车的性能水平。

结合不同类型的商用大巴发展现状以及未来可能的技术发展路径，表 4-4给出了不同类型 10m 大巴（燃料电池车、纯电动车、燃油车）2020 年、2030 年和 2050 年车辆的动力系统配置、能耗和整车购置价格的情况。对于电动大巴车，给定了短续航（约 200km）和长续航（超过 400km）两种配置。

表 4-4 不同类型 10m 商用大巴动力系统配置、能耗以及整车购置价格展望

车辆类型	项目	2020 年	2030 年	2050 年
燃料电池大巴	动力配置和能耗	50kW FC+ 60kW · h 锂电池， 30kg 氢气； 6kg/100km	200kW FC， 30kg 氢气； 4. 5kg/100km	200kW FC， 30kg 氢气； 3. 6kg/100km
	购置价格/万元	140	67	49
纯电动大巴—短续航	电池配置和能耗	250kW · h； 100kW · h/100km	250kW · h； 80kW · h/100km	250kW · h； 65kW · h/100km
	购置价格/万元	90	65	51
纯电动大巴—长续航	电池配置和能耗	500kW · h； 120kW · h/100km	500kW · h； 100kW · h/100km	500kW · h； 80kW · h/100km
	购置价格/万元	120	80	61
柴油大巴	动力配置和能耗	200~250kW； 25L/100km	200~250kW； 23L/100km	200~250kW； 18L/100km
	购置价格/万元	60	53	45

资料来源：根据公开资料和调研预测。

由于电堆成本在相当长时间内仍处于较高水平，燃料电池大巴在近中期仍采用技术难度相对较小、成本较低的“燃料电池+锂电池”的混合模式，并逐步提高电堆的功率以及减小电池的容量，预计最终在 2030 年左右实现燃料电池全功率驱动。从整车购置成本看，燃料电池车初期远高于电动车和燃油车，随着电池和储氢系统成本的大幅下降，预计到 2030 年整车成本将仅高于燃油车（高出约 25%），不仅已经略低于短续航的电动大巴，更是从 2025 年起就低于长续航版的电动大巴，并且优势将逐年增大。类似于乘用车，同样由于燃料电池大巴还处于规模化初期，其技术进步空间更大，因此预计燃料电池大巴的单位能耗下降空间将大于动力电池大巴车和燃油大巴。图 4-5 和图 4-6 给出了不同类型 10m 商用大巴车的购置成本和

能耗成本折合到单位里程的全生命周期成本对比。在短续航工况下（日行驶里程约 200km，年里程 4 万 km），预计 2025 年以前短续航的电动大巴能够实现比柴油大巴更佳的经济性，长续航电动大巴则要到 2030 年以后才能实现和柴油大巴相同的经济性。

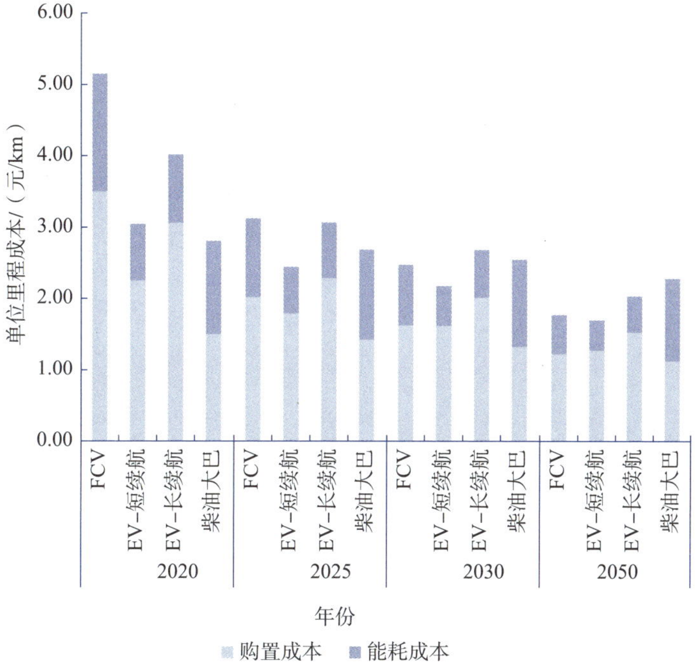

图 4–5　不同类型 10m 商用大巴（年行驶里程 4 万 km）单位里程的全生命周期成本对比

FCV 的经济性预计将在 2030 年前超过燃油大巴，主要是由于其能耗成本明显低于燃油大巴。与电动大巴相比，由于 FCV 能耗成本相对较高，经济性将始终不如短续航的电动大巴，虽然两者差距将逐渐缩小。此外，预计从 2025 年起 FCV 的经济性将一直优于长续航版的电动车。因此，在城市内运行的公交、大巴等运输距离较近的场景下，电动车将始终占据成本优势，FCV 次之。

在长续航工况下（如日行驶里程超过 300km，年里程约 8 万 km），长续航电动车的经济性预计将在 2030 年之前超过柴油车。FCV 的经济性预计将在 2030 年前同时超过长续航电动大巴和燃油大巴，并且在 2030 年以后，经济性优势相比柴油车将更加明显。因此，在城际长途大巴等运输距离较远的场景下，FCV 将逐渐占据经济性优势，电动车次之。

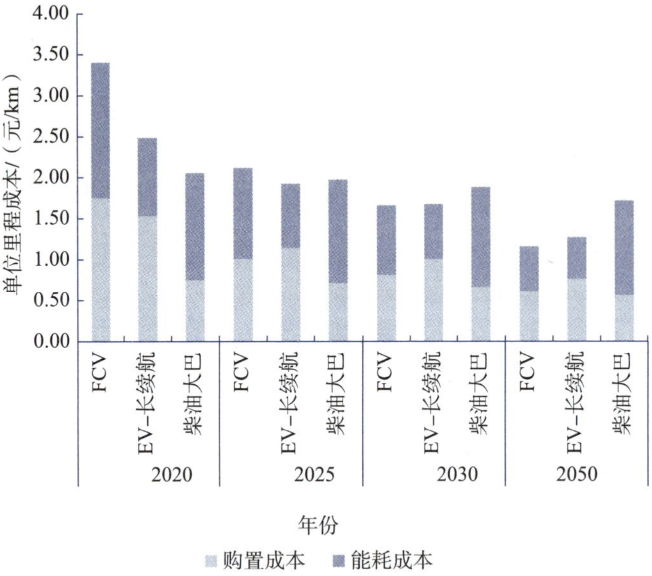

图 4–6　不同类型 10m 商用大巴（年行驶里程 8 万 km）单位里程的全生命周期成本对比

（三）重型卡车

目前国内重型卡车均以柴油为燃料，柴油是目前环境污染的主要来源之一，随着环境问题日益严重，降低柴油重卡的污染排放将成为重点关注的问题。2015 年之前，商用车领域的发展以燃料电池大巴为主，2015 年之后，考虑到卡车领域在动力系统的可靠性、续航里程以及燃料补给等方面的需求与燃料电池产品特性的匹配度较高，卡车也逐渐进入了开发者的视野，从最开始的作为增程器进行探索研究，到目前大功率重卡的开发，全球对于这个领域的开发和运营的热度逐渐升高。

近年来，国内商用车企业开始密集涉足氢燃料电池重卡，推动了氢燃料电池卡车在市政环卫、中短途港口运输、物流运输等市场的应用。例如，上汽红岩已推出城市环卫、城市渣土、城配物流、城际物流、冷链物流、零担运输、钢厂短驳、煤炭短驳、港口集运等系列氢燃料重卡，并已于2020年获得内蒙古大客户批量采购订单。上汽红岩氢燃料重卡在整车满载的情况下，最大续航里程可超过1000km，百公里氢耗仅为7.5～14kg，并且仅需15min即可补满氢燃料。又如，宝钢股份于2020年12月底接收了苏州金龙生产的60辆42t氢燃料电池半挂重卡，这是全球迄今为止最大一批氢燃料电池重卡交付。该车辆搭载了120kW氢燃料电池系统，配套来自清能股份的VLSⅡ系列燃料电池电堆，额定功率为150kW。再如，大运重卡发布了两款燃料电池牵引车，两款车均采用“电—电”混合驱动方式，电机输出额定/峰值功率为189kW/255kW，整备质量为11.7t，准拖挂车总质量为37.1t。

结合不同类型的重型卡车发展现状以及未来可能的技术发展路径，表4-5对不同类型重型卡车（重卡）近中远期的车辆动力系统配置、能耗和整车购置价格的情况进行展望。对于电动重型卡车，给定了短续航（约200km）和长续航（约400km）两种配置。

表4-5　不同类型重卡动力系统配置、能耗以及整车购置价格展望

车辆类型	项目	2020年	2030年	2050年
燃料电池重卡	动力配置和能耗	60kW FC+80 kW·h锂电池 50kg氢气； 10kg/100km	200kW FC+30 kW·h锂电池 50kg氢气； 7.5kg/100km	250kW FC， 50kg氢气； 6kg/100km
	购置价格/万元	200	60	37
纯电动重卡—短续航	电池配置和能耗	300kW·h 锂电池； 150kW·h/100km	350kW·h 锂电池； 125kW·h/100km	350kW·h 锂电池； 98kW·h/100km
	购置价格/万元	100	55	40
纯电动重卡—长续航	电池配置和能耗	750kW·h 锂电池； 200kW·h/100km	750kW·h 锂电池； 166kW·h/100km	750kW·h 锂电池； 130kW·h/100km
	购置价格/万元	150	80	56

续表

车辆类型	项目	2020 年	2030 年	2050 年
柴油重卡	动力配置和能耗	300kW； 40L/100km	300kW； 34L/100km	300kW； 28L/100km
	购置价格/万元	40	36	30
LNG 重卡	动力配置和能耗	300kW； 36kg/100km	300kW； 31kg/100km	300kW； 26kg/100km
	购置价格/万元	48	40	32

资料来源：根据公开资料和调研预测。

燃料电池卡车在近中期与其他燃料电池车类似，采用“燃料电池+锂电池”的混合模式，逐步提高电堆的功率并减小电池的容量，预计最终在 2030 年以后实现燃料电池全功率驱动。从整车购置成本看，燃料电池车初期远高于电动车和燃油车。随着电池和储氢系统成本的大幅下降，预计到 2030 年，整车成本将与短续航的电动卡车成本基本相当，且低于长续航版的电动重卡成本（低 1/4），但是依然比柴油重卡和 LNG 重卡的成本高出许多。LNG 重卡配置的两个储气罐价格在 5 万元以上，比燃油箱要贵得多，因此当前比柴油重卡贵 6 万~8 万元/辆，预计随着储气罐生产规模的扩大和技术的提升，两者差距将逐渐减小。另外，类似于乘用车和客车，预计燃料电池重卡的单位能耗下降空间将大于电动重卡和燃油重卡。图 4-7 和图 4-8 分别给出了不同工况下，不同类型重型卡车的购置成本和能耗成本折合到单位里程的全生命周期成本对比。短续航工况下（日行驶里程约 200km），LNG 重卡在 2030 年之前由于较低的购置成本和燃料成本，其全生命周期成本最低，但预计在 2030 年左右将被短续航的电动重卡超越；短续航的电动重卡由于明显降低的能耗成本，其经济性将在 2025 年左右超过柴油重卡，仅次于 LNG 重卡，并将在 2030 年之前超越 LNG 重卡，2050 年前将始终保持经济性最佳；FCV 预计要到 2030 年左右才能超过燃油车，2050 年之前有望超过 LNG 重卡，并且逐渐缩小与短续航电动重卡的经济性差距。因此，在港口、工业园内等运输距离较短的场景下，电动重卡逐渐占据经济性优势，FCV 次之。

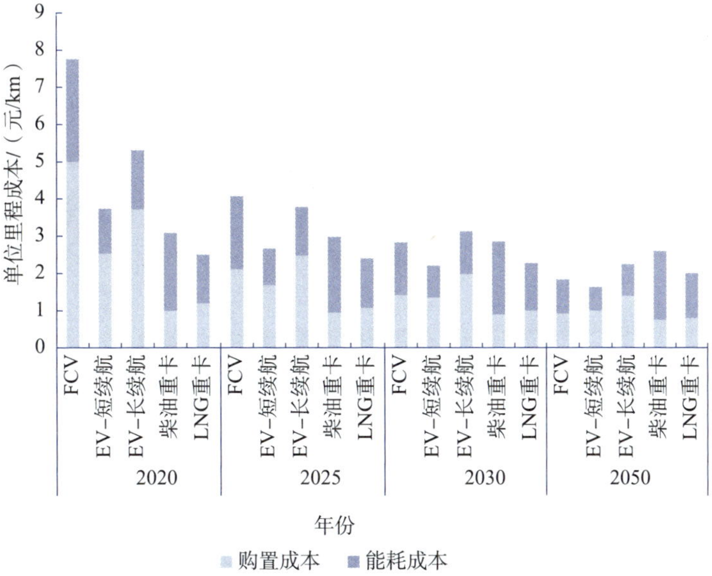

图 4-7　不同类型（短途）重卡货车单位里程的全生命周期成本对比（年行驶里程 4 万 km）

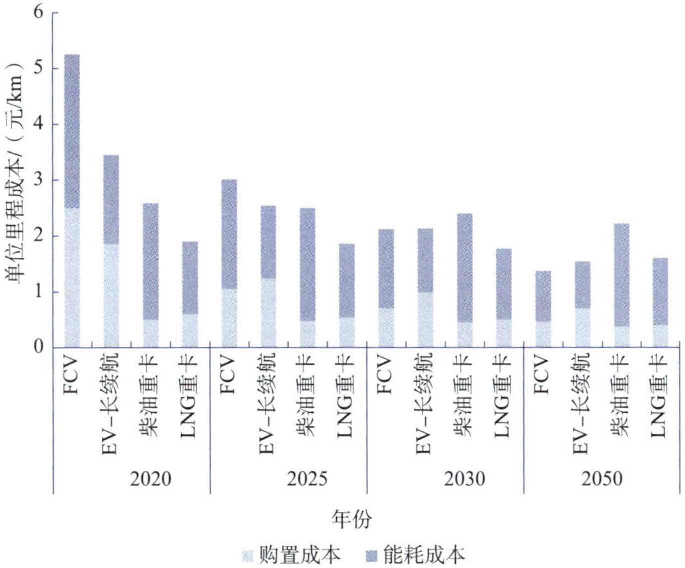

图 4-8　不同类型（中长途）重卡货车单位里程的全生命周期成本对比（年行驶里程 8 万 km）

在长续航工况下（如日行驶里程超过300km），预计2030年之前，LNG重卡仍然保持最低的全生命周期成本，2030年之后将逐渐被FCV和长续航版的电动车超越。FCV在初期成本最高，但是预计到2030年左右其全生命周期成本将依次超越燃油车和电动车，并在2050年之前超越LNG重卡，成为全生命周期成本最低的车型。因此，从长远看，在长途运输领域，FCV将具有最佳的经济性。

（四）轨道交通车

燃料电池动力系统能够取代传统轨道交通车辆使用的大功率柴油发电机组或弓网受流系统，降低基础设施投资，具有效率高、无污染、噪声低和环境兼容性强等优点。鉴于燃料电池技术在该领域的技术优势和市场前景，国内外轨道交通装备制造商依托轨道交通装备业务优势，开展燃料电池在轨道交通车辆上的应用研究与示范运营，其中以有轨电车和轻轨列车的研究应用较为成熟。

2002年，美国能源部、美国车辆工程有限责任公司和燃料电池驱动系统研究所联合开发了首台质子交换膜燃料电池动力矿用机车样车，该车采用两个燃料电池电堆串联，净功率达17kW。2007年，美国伯林顿圣太菲铁路公司与美国车辆工程有限责任公司开始研制燃料电池与铅酸电池混合动力调车机车，样车2009年下线并于2010年进行运营试验，整备重量为130t，暂态牵引功率可达1500kW，质子交换膜燃料电池持续功率可达240kW，14个35Mpa高压储氢瓶可存储68kg氢气，可供机车连续运行11h。燃料电池机车的应用有效减少了污染物排放，保障了铁路运输的可靠性。

2007年，东日本铁路公司与日本铁路技术研究协会联合开发了世界首个“燃料电池+蓄电池”混合动力动车组，车辆装载两台65kW质子交换膜燃料电池和两台19kW · h的锂离子电池，6个35MPa气瓶存储720L氢气，可行驶100km。该列车在长野地区商业线路上完成了燃料电池发电效率、里程及运行安全等的运营测试。

法国阿尔斯通公司推出氢能燃料电池轻轨列车“Coradia iLINT”，搭载两台 198kW 燃料电池系统，并配备了两组 111kW 的锂电池，可搭载 300 名乘客，最高速度达 140km/h，行驶里程达 600~800km。2014 年 9 月，阿尔斯通运输局计划到 2020 年在德国部署 40 辆商用洲际燃料电池区域列车，在 2017 年 12 月之前提供两列“Coradia iLINT”燃料电池列车在德国北部试运行，并于 2018 年 9 月正式投入商用。

国内以中国中车为代表，在该领域实现了技术突破，实现燃料电池轨道交通车辆的示范运营。2015 年首列氢能现代有轨电车在中车青岛四方机车车辆股份有限公司（以下简称中车青岛四方）成功下线。该车搭载一台 150kW 质子交换膜燃料电池作为牵引电源，整车采用三节编组，最大载客量超过 360 人，最高运行速度可达 70km/h。在此基础上，中车青岛四方开发了燃料电池有轨电车示范车，并于 2017 年 3 月签订了佛山市高明区现代有轨电车示范线项目首期工程总包供货合同，将提供 8 列氢燃料电池有轨电车。示范车使用模块化设计，可 2~5 辆灵活编组，车辆续航超过 100km。首条氢能源有轨电车示范线于 2019 年在广东省佛山市高明区上线，这是全国首个以氢能源为动力的有轨电车，该轨道也是世界首条商业运营氢能源有轨电车线路。此外，以氢能源为动力的佛山南海区有轨电车里水示范段工程也已在 2020 年底正式动工。

无论载客列车还是货运机车，轨道交通车辆对动力系统总功率需求都较高。因此提高燃料电池单堆功率进而提升燃料电池系统功率，对燃料电池在轨道交通车中的应用和推广起到关键性作用，这是轨道交通燃料电池技术发展的重要趋势。

与汽车相比，轨道交通车辆的工况更规律，大多数车辆在运行中少有频繁启停。而在少数需频繁启停的使用场景中，也可通过将燃料电池与动力电池及超级电容器组成混合动力系统来保证电堆长时间稳定工作。但相比乘用车，轨道交通车辆的运营时间、运营里程及维保周期都更长，轨道交通车辆领域对燃料电池寿命的需求为不少于 20000h，随着技术的进步，预期寿命还将进一步延长。

目前用于轨道交通的燃料电池动力系统功率等级较低，应用的范围主要为低功率的轨道交通车辆，如低地板有轨电车和部分市域轻轨等。此外还可应用在部分车辆的辅助供电系统中。但是燃料电池应用于轨道交通仍存在较大的技术瓶颈，主要体现在两方面：一是目前城轨列车轴功率为180~230kW，动车组（含市域/城际动车组）轴功率为350~650kW，小功率调车机车功率为400~1600kW，大功率机车的功率可高于9600kW。目前国内轨道交通领域应用的燃料电池系统功率为200~300kW，单堆功率为30~75kW，无法满足大多数车型的功率等级需求，应用范围有限。二是系统寿命不够理想。轨道交通车辆的运营时间、运营里程及维保周期比汽车要长，目前轨道交通车辆领域对燃料电池寿命的需求为不少于20000h，而当前车用燃料电池系统寿命普遍在10000h。

中车正在开发净输出功率为100kW的燃料电池电堆和350kW的动力系统，未来有望将模块化设计的燃料电池系统作为有轨电车、轻轨车、小功率调车机车及特种车辆的主动力系统。应用于轨道交通领域的燃料电池电堆单堆额定功率应达到100kW以上，系统净输出功率应达到350kW以上。随着燃料电池技术的进一步发展，尤其是功率等级的提高，其应用领域将有望实现进一步拓展。

（五）船舶

在“碳中和”愿景下，船运业的减排压力责任越来越大。随着国际海事组织（International Maritime Organization，IMO）等国际组织对近岸排放要求日益严苛，氢能的可再生性和零排放特性的优势将进一步凸显，其零排放特点将完全满足各口岸对近岸排放限制的需求。燃料电池技术将是未来船舶动力装置的重点发展方向。从燃料电池船舶的发展历程来看，要从目前的示范阶段进入规模化的市场推广阶段，还需要突破技术、成本等一系列的瓶颈，而且其在水上运行及功率大等特点造成了与道路交通中应用的燃料电池有较大的差异，至少尚需克服如下技术难点。

1. 大功率燃料电池发电模块集成设计技术

船舶动力系统功率为百千瓦级至兆瓦级，而目前燃料电池单堆功率一般为百千瓦以下。大功率发电模块是由数十个至百个高一致性的单堆与辅助装置集成。多电堆的串并联组合运行将大幅度增加气、水、热、电等方面的均匀调控管理难度。船用系统使用环境较为特殊，需强化发电模块抗倾斜、摇摆、振动、盐雾、湿热、冲击等环境适应性，增强模块整体的可靠性和耐久性。

2. 高安全性、高储氢密度氢源技术

船舶动力系统储能可高达数兆瓦·时至数十兆瓦·时，远高于车用系统（数十千瓦·时），且船舶载客多，运行远离陆地，一旦发生紧急情况，人员逃生困难，因此，船用氢源装置的安全性要求更高。在有限空间及载重限制下，船舶需携带更多有效燃料，以实现更长里程的续航。因此，低成本、便捷、安全的运输、储存及补给是高储氢密度氢源技术攻克的难点。

3. 燃料电池系统工程化应用与能量管理技术

燃料电池系统组成包含箱装体发电模块、氢源装置、辅助装置、监控装置、直流变换装置及储能装置等诸多设备，在受限空间内需考虑设备、冷却管路、电缆及强弱电线路的布置优化设计等，整体集成难度较大。鉴于船舶运行环境严峻，优化燃料电池系统在船舶整体结构的内部布局，保证燃料电池动力系统的稳定高效运行，以及建立智能化系统综合能量动态控制策略，完善系统的整体参数控制管理，实现燃料综合能量的高效梯级利用等，均有较大难度。

4. 燃料电池系统近海环境适应性

船用燃料电池系统的使用环境特殊，存在倾斜、盐雾、霉菌、冲击、湿热等工况，对燃料电池发电模块、氢源及控制管理装置的稳定运行及安全性都会造成较大影响。关于船用燃料电池系统环境适应性的前期基础研究不够，突破相应适应性与适装性等技术关具有一定的难度。

早在 2018 年，全球科技巨头 ABB 和挪威海洋科技研究中心已开始合作研究船舶燃料电池项目，测试氢燃料电池技术应用于船舶的可行性。2021 年 2 月，巴拉德宣布与澳大利亚压缩天然气公司合作开发一款命名为 C-H_2船的

新型燃料电池动力船舶。现代重工集团与 KR 联手，将联合制定全球首个氢能船舶国际标准。我国在氢燃料电池船舶领域处于初步探索阶段，也已有零星的示范项目，如中国船舶集团在 2019 年自主研发 2000t 级氢燃料电池自卸货船，2021 年大连海事大学新能源船舶动力技术研究院牵头建造了燃料电池游艇“蠡湖”号。虽然燃料电池上船在国内外都是研究热点，但目前国内外都还处于实验阶段，燃料电池上船必须与锂电池配合使用，无法单独使用。中国海事局也暂未放行以氢燃料电池为主电源的船舶，氢能船舶的经济性相比燃油船仍有较大的差距。

二、工业

（一）钢铁

作为高耗能行业，钢铁业温室气体排放约占全球温室气体排放的 7%。目前国内钢铁生产以高炉和转炉工艺为主，其中，高炉采用焦炭作为还原剂并提供热能，每生产 1t 粗钢将产生约 2t 二氧化碳。2019 年 4 月，生态环境部等五部委联合发布《关于推进实施钢铁行业超低排放的意见》，旨在进一步降低钢铁行业各生产环节的污染物排放。钢铁企业尤其是特大型钢铁企业为了适应国内国际形势，也开始积极参与氢能利用项目。2019 年 1 月，中国宝武与中核集团、清华大学签订《核能—制氢—冶金耦合技术战略合作框架协议》，三方将强强联合、资源共享，共同打造核冶金产业联盟。2019 年 3 月，河钢集团与中国工程院战略咨询中心、中国钢研、东北大学联合组建氢能技术与产业创新中心，共同推进氢能技术创新与产业发展。河钢集团将重点在氢气存储与运输、燃料电池汽车、富氢冶金技术等领域开展研究。

高炉炼钢的工艺流程可分为烧结、炼铁、炼钢、铸轧四个流程，其中氢气可以还原剂的形式替代高炉炼铁环节的焦炭。

氢气作为还原剂：

$$Fe_2O_3+3H_2=2Fe+3H_2O$$

焦炭作为还原剂：

$$6C+3O_2=6CO$$

$$2Fe_2O_3+6CO=4Fe+6CO_2$$

焦炭与氢气同为1.5mol还原剂还原1mol金属铁的消耗量，两者的质量比为6∶1。目前炼制1t粗钢需要消耗428kg焦炭，理论上每吨粗钢产量氢气消耗量约为70kg。

氢气炼厂储氢需要建设相应的储氢设施。一种途径是在钢企内部建立储氢罐，另一种途径是借助专业气体生产商进行储存和运输。而经过还原反应之后富余的氢气可以供钢铁后续工序或其他行业使用。

除技术尚处研发示范阶段外，目前氢气冶炼的成本仍较高。以焦炭价格2000元/t为例，传统高炉炼钢工艺炼制1t粗钢，还原剂焦炭的成本约为850元。若采用氢气冶炼，则生产1t粗钢消耗70kg氢气，要实现对焦炭的经济替代，不考虑储运成本，电解水制氢的单位成本需要低于12.1元/kg时；但是按当前的电解水制氢成本计算，每吨粗钢消耗的氢气成本在2300元以上（仅考虑原料成本）。因此，短期内氢气冶炼经济性偏低，在近中期内仍将处于技术论证和小规模示范阶段。随着可再生能源制氢经济性的逐步提高，氢气冶炼厂的经济性将有所提高，到2050年可再生能源制氢成本有望降低到10元/kg，考虑到碳排放成本，届时绿氢将实现对焦炭的经济替代。

（二）炼油

石油加工业是目前最大的氢气消费领域①，每年消耗氢气3800万t，占全球氢气总消费量的1/3，另外2/3为炼厂专门制氢或外供氢气。石油加工业中氢气可用于石脑油加氢脱硫、精柴油加氢脱硫，以改善航空燃油的无烟火焰高度及燃料油加氢脱硫、加氢裂化。加氢精制的目的是除掉有

① 全球合成氨、合成甲醇年氢气消费量分别为3100万t和1200万t。

害物质，例如硫化氢、硫醇、含氮化合物、芳香烃、酚类、环烷酸、炔烃、烯烃、金属化合物和准金属化合物等。催化重整原料的加氢精制目的是除去石脑油中的硫化物、氮化物、铅和砷等杂质。加氢裂化是在氢气存在条件下进行的催化过程，反应主要特征是碳-碳键断裂用氢量大、压力高、空速低。在石油炼制下游领域，氢气主要用于 C_3 和 C_4 馏分加氢、汽油加氢、$C_6 \sim C_8$ 馏分加氢脱烷基生产环己烷。

在石油炼制工业中，氢气的消耗是由加工的原料和加工工艺决定的。原油中含硫量较高，易对下游生产装置造成腐蚀，或者对产品质量产生影响。因此，需要更多的加氢装置并消耗更多氢气。另外，炼油生产过程中有催化裂化、催化裂解等反应，易造成汽油、柴油或其他成品油中烯烃含量过高，从而影响产品的氧化安定性，造成产品质量指标不合格。近年来，环保要求越来越严格，油品质量指标日益提高，炼油厂氢气的消耗量大幅度增加，因此，我国多数炼油厂新建了制氢装置。

中国炼油厂氢气40%以上源于炼油厂副产气，厂内天然气重整制氢或煤制氢占比分别约为20%和10%，另有约20%氢气通过外供满足。中国炼厂煤制氢的比例高于其他国家，存在较大污染物排放问题，而天然气制氢成本偏高，因此石油加工业对低成本清洁氢气的需求潜力较大。以炼油厂本地天然气重整制氢为例，目前一桶原油加氢成本约为14元，每千克原油氢气需求量为0.015kg，则炼油厂氢气价格平衡点约为7元/kg。

（三）合成氨和合成甲醇

合成氨、合成甲醇的主要原料为合成气。合成气是化工行业中重要的中间品，其主要成分为氢气、一氧化碳和二氧化碳。我国煤化工的第一步基本都是煤气化制合成气的过程，若追溯至一次能源，煤炭是我国合成氨、合成甲醇的主要原料。因此，若能以可再生能源制氢方式替代合成气中间品中的氢气需求，将有助于降低化工行业对化石能源的依赖和碳排放强度。

合成氨工业属于传统化工行业，全球合成氨年产量超过2亿吨，我国近年产量为5000万吨以上，大部分都用于化肥行业，其他用于化工和医药等行业。目前全球合成氨及合成甲醇每年消耗氢气4300万t，约占全球氢气总消费量的40%。此外，过氧化氢和环乙烷产品氢消耗量约200万t/a。

与其他国家不同，中国合成氨、合成甲醇消耗的合成气主要以煤炭为原料。因此，可再生能源制氢能否满足现原油加工、合成氨、合成甲醇的氢气需求，主要取决于可再生能源发电与煤炭/天然气作为合成原料的成本高低。

我国煤制氢成本较低，尤其是用于合成氨和合成甲醇的工业用途的煤制氢成本在10元/kg以内。如果不考虑碳排放成本，要在合成氨和合成甲醇中实现以可再生能源制氢替代煤制氢，那么可再生能源制氢的成本需要降低到10元/kg以内。根据目前可再生能源发电上网电价，每千克氢气制氢成本普遍在30元以上，成本明显偏高，不考虑碳排放成本的话，预计到2050年左右可再生能源制氢的成本才能降低到与煤制氢成本相当或者比之略低的水平。此外，煤炭、天然气作为重要化工原料，在化工行业具有多元应用的经济价值。因此，如果不考虑碳减排成本，在近中期以可再生能源制氢替代合成氨、合成甲醇中合成气需求存在较大的经济性挑战。

三、建筑

（一）分布式发电及热电联产

分布式热电联供系统直接针对终端用户，相较于传统的集中式“生产—运输—终端消费”的用能模式，分布式能源供给系统直接向用户提供不同的能源品类，能够最大限度地减少运输消耗，并有效利用发电过程产生的余热，从而提高能源利用效率。燃料电池分布式发电具有效率最高、噪声低、体积小、排放低的优势，适用于用户附近的千瓦级至兆瓦级的分布式发电系统，主要应用于微型分布式热电联供系统、大型分布式电站或热电联供系统。目前质子交换膜燃料电池和固体氧化物燃料电池技术均已经成功应用于家用分布式热电联供系统和中小型分布式电站领域。

表4-6给出了中国、日本和美国典型的居民、工商业电价和天然气价。对于以大型分布式发电为主的美国，电价和气价都比较低。按照目前大型SOFC发电系统30000元/kW的成本、55%的效率计算，以天然气为原料，SOFC发电的燃料成本和折旧成本分别约为0.3元/(kW·h)和0.5元/(kW·h)，不考虑维护的发电成本，发电成本合计约为0.8元/(kW·h)，与工商业用户的购电成本基本持平，如果热量能够得以有效利用的话，还将有折算约0.1元/(kW·h)的热价值，如图4-9所示。而且考虑到联邦和部分州政府对燃料电池分布式电站能够提供可再生能源配额、投资基金、税收减免和安装补贴（如加利福尼亚州为利用天然气和生物制气的燃料电池分布式发电站提供600美元/kW和1200美元/kW的补贴）等方面的支持，因此即使考虑维护成本，当前SOFC发电系统也已经具备一定的经济性，部分大企业用户开展示范应用的积极性也较高。到了中期（2030年左右）和远期（2040—2050年），随着技术的进步和规模的扩大，SOFC系统成本将实现大幅下降，假设分别降低到12000元/kW和8000元/kW，发电效率将分别提高到60%和65%，在同样的天然气价格下，发电成本有望分别降低到约0.44元/(kW·h)和0.37元/(kW·h)，均远低于工商业用户购电电价，即使考虑天然气中长期价格在当前基础上提高一倍，发电成本仍将低于0.8元/(kW·h)，显示出较好的经济性优势。虽然它也面临着同分布式燃气轮机发电的竞争，且后者由于设备成本更低，在经济性上将具备一定的优势，但分布式燃料电池发电站具备模块化性能强、场景时应性能好、可扩展性能好，以及无污染、噪声轻、可持续工作等优势，不仅可以作为主电网的补充，也可以作为海岛、山区、边远地区的主供电源进行独立发电。因此，预计未来分布式SOFC系统有望在美国工商业领域实现一定规模的应用。

表 4-6　美国、日本和中国典型的居民、工商业电价和天然气价

类别	美国	日本	中国
居民电价/［元/(kW·h)］	1.0	2.0	0.55
工商业电价/［元/(kW·h)］	0.8	1.5	0.7
居民气价/(元/Nm³)	2.1	8.7	2.6
工商业气价/(元/Nm³)	1.4	5.5	3.3

资料来源：根据公开资料整理。

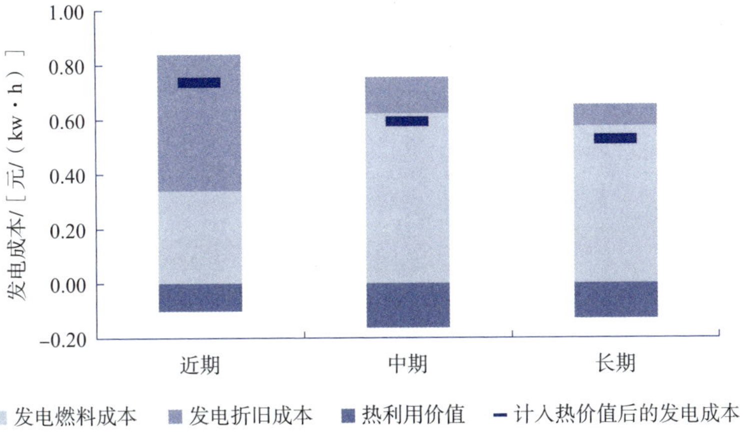

图 4-9　美国近期、中期和长期分布式燃料电池系统在工商业发电经济性分析

日本的居民电价显著高于工商业电价，且是中国居民电价的 3 倍以上，居民气价也比中国高得多。图 4-10 对日本近期、中期和长期分布式燃料电池系统在居民和工商业发电经济性进行了分析展望。按照当前小型 PEMFC 和 SOFC 的售价，假定两者发电效率分别为 39% 和 52%，寿命分别为 9 万 h 和 6 万 h，全生命周期下的折旧成本分别为 0.9 元/(kW·h) 和 1.67 元/(kW·h)；如果天然气价格分别按 8.7 元/m^3 计算，不考虑维护成本，那么两者燃料部分的度电成本高达 3 元/(kW·h) 和2.2 元/(kW·h)，不考虑热的价值，度电成本均至少为 3.9 元/(kW·h)，远高于日本的居民电价，因此单独考虑发电并无经济效益。如果对热电联产的供热部分价值进行折算，那么两者发电成本将分别降低至 2.6 元/(kW·h)和 3.2 元/(kW·h)，很大

程度上缩小了与电网用电成本的差距。同时，为了推广“ENE-FARM”产品，日本的燃气公司会对购买“ENE-FARM”产品的用户给予一定的燃气价格优惠，且无论燃气是否由燃料电池使用，该户居民使用的所有燃气均享受“ENE-FARM”套餐的价格。较高的居民电价和气价，以及政府和企业的政策支持，使该微型发电系统在日本得以较大规模地推广；但是同时使用燃料电池系统的经济性优势并不突出，这可能也是导致其市场增速与政府预期相差较大的重要原因。

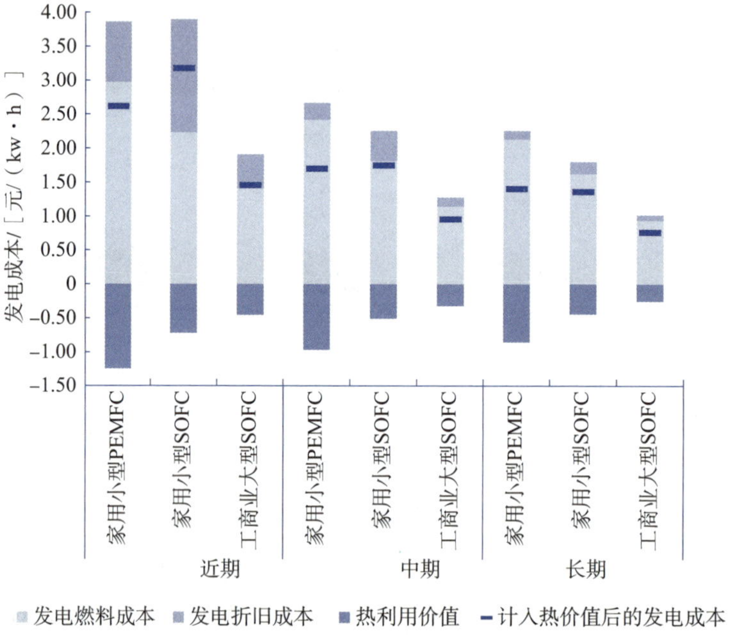

图 4-10　日本近期、中期和长期分布式燃料电池系统在居民和工商业发电经济性分析

随着市场的不断扩大，PEMFC 和 SOFC 系统的成本仍将持续下降，在中远期将分别在当前的基础上降低约 60%和 80%，发电效率同时有所提升，SOFC 系统的发电成本将分别低至约 2.3 元/(kW·h) 和 1.8 元/(kW·h)，发电成本将接近并低于电网用电成本，考虑热价值，该燃料电池系统在近中期内即能够实现更优的经济性。相比之下，PEMFC 系统发电的效益低于 SOFC 系统，但如果充分计入热价值，两者综合收益相差不大。

虽然日本大功率分布式燃料电池发电系统产品较少，当前并未在工商业建筑进行重点推广，但是如果参照美国的大功率分布式燃料电池发电系统产品的成本和性能进行分析，到了中期，SOFC 系统的发电成本有望降低至 1.3 元/(kW・h)，低于工商业电价，考虑到还有约 0.3 元/(kW・h) 的热价值，因此从中长期看，SOFC 系统在日本具有规模化推广的经济性优势。

对于中国市场，由于国内目前尚没有成熟的分布式燃料电池发电系统产品推出。因此，笔者参照日本和美国已经商业化产品的成本和性能指标，对国内推广分布式燃料电池热电联供系统的经济性进行了展望，如图 4-11所示。对于小型燃料电池发电系统，当前千瓦级系统的度电成本在国内高达 1.8 元/(kW・h) 以上，在中期和长期将分别降低至 1.0 元/(kW・h) 和 0.7 元/(kW・h)，但仍明显高于终端居民电价，显然从发电收益上难以收回投资。如若计入热的价值，那么中期和远期的综合发电成本最低可降低至约 0.68 元/(kW・h) 和 0.51 元/(kW・h)，逐渐接近并与终端居民电价基本持平，从经济性角度来看并无明显优势。

对于大型燃料电池分布式发电系统，由于单位投资成本更低，按照国外成熟产品的价格和国内工商业天然气价格，SOFC 发电成本约为 1.3 元/(kW・h)，仍要比 0.7 元/(kW・h) 这一当前全国平均工商业电价高得多。从中长期来看，发电成本将有望分别降低至约 0.8 元/(kW・h) 和 0.65 元/(kW・h)，逐步趋近并低于当前的工商业平均电价。如果能够充分利用热价值，那么 SOFC 系统在中期即可以呈现出一定的经济性优势。在远期，工商业用户的用电成本仍保持当前水平的话，在进一步计入热价值后，大型 SOFC 分布式热电联供系统将展现出较明显的经济性优势。

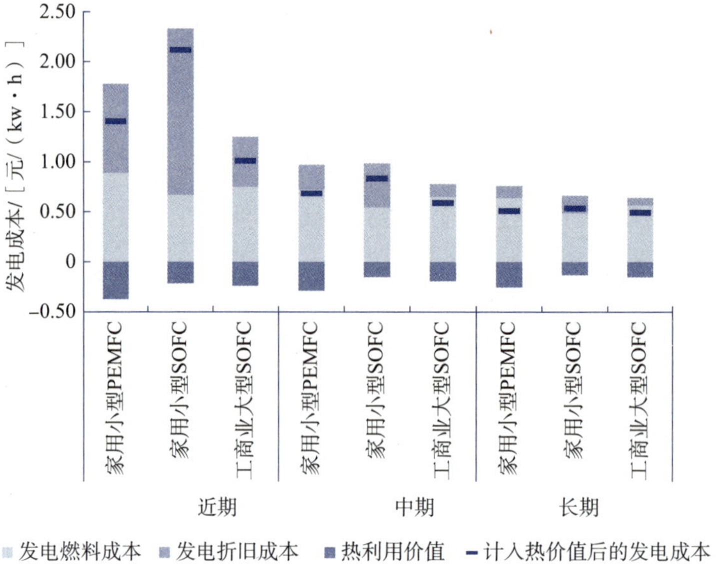

图 4-11　中国近期、中期和长期分布式燃料电池热电联供系统经济性展望

为实现 2060 年碳中和的目标，分布式燃料电池发电系统将是我国建筑领域实现碳减排的一个重要方式，尤其是在工商业领域，大型分布式燃料电池发电系统将逐渐展现经济竞争力。当前，我国分布式燃料电池发电系统技术水平较为落后，总体还处于研发阶段，与国际先进水平差距很大，需要不断缩小技术和产业上同国际先进水平的差距，并大幅降低燃料电池发电系统的成本，为其示范应用和规模化推广创造条件。

（二）燃气管道掺混

氢气可通过混入现有天然气管道的方式进行传输，然后作为混合气进入终端用户，可以用于建筑供热或者炊事。国外正在积极进行管道掺氢输氢的研究，例如，英国、比利时、瑞典等研究了体积浓度 1% 以下的管道输氢，德国、荷兰研究的管道输氢体积浓度可高达 10%～12%。目前国外研究表明，掺氢低于 20% 时，不会对现有管网产生明显影响，掺氢小于 10% 时，可直接输送。而英国 HyDeploy 项目目标是建立氢气与常规天然气的混合输运系统，其中氢气掺混比例最高为20%。

近期的国内研究也表明，在天然气中加入氢气的比例在23%以下时，掺氢天然气的高热值和燃烧速度指数均在城镇燃气分类中12T基准气的相关技术要求范围内，故满足城镇燃气用户燃气互换性和燃具适应性的要求。但如果是在长输天然气管道中加氢，建议氢气比例不宜过高，要综合考虑氢分压和所用钢材材质等问题。此外，由于氢气特殊的理化性质，在管材选用时需从管材强度、硬度、化学元素、韧性等方面进行适应性分析。例如，氢含量占1/6、12MPa输送压力下，X70管线钢不会产生氢腐蚀，机械性能也不会发生明显变化；但对于X80管线钢，当氢含量大于2%时，管材的使用寿命和力学性能等均会发生明显的下降。氢气活泼的特性增加的管道氢脆风险和氢气渗透风险，也对焊接工艺提出了更高的要求，同时，还应考虑增大安全防护距离、增设安全监测设施（特别是氢气）、加强安全巡检。

天然气管道掺氢混烧当前存在经济性因素。国内各地天然气价格由省级门站价格和配送网络价格组成，省级门站价格一般为1~2元/m^3，西部地区普遍在1.5元/m^3以内，而东部沿海地区约为2元/m^3；终端居民和工商业用户的天然气价格分别在2.5元/m^3和3.0元/m^3左右。1m^3天然气热值（取均值）约为同体积氢气的2.8倍，由于氢气一般是在天然气进入到门站之前掺入管道中，因此，从理论上说，西部和东部地区的配网端氢气成本分别只有低于0.54元/Nm^3和0.71元/Nm^3，在天然气中掺混氢气才具有经济吸引力。管道掺氢一般发生在可再生能源电价很低或者弃电严重的地区，通常发生于我国北部地区，尤其是西北地区，而这些地区要么天然气资源也很丰富，要么是国外低价天然气输入国内的起点，比如新疆和内蒙古的管道气门站价格分别低至1.03元/m^3和1.22元/m^3，往新疆和内蒙古的天然气管道里掺氢，氢气成本只有低于0.37元/Nm^3和0.44元/Nm^3时才有经济价值，显然可再生能源制氢的成本要高不少。到2030年和2050年，如前文所述，如果可再生能源制氢的成本分别为1.4元/Nm^3和0.9元/Nm^3，那么管道天然气的门站价必须分别高于3.92元/m^3和2.52元/m^3，天然气掺氢才具有经济价值。

四、储能

氢能具有能量密度高和便于存储的优点。当波动性可再生能源在电源结构中具有较高比重时，单纯依靠短周期（小时级）储能将无法满足电力系统稳定运行的需要。日间、月度乃至季节性储能将是实现高渗透率可再生能源长周期调峰的主要手段。

氢能作为大规模储能介质，可满足高比例可再生能源系统对大容量、长周期储能的需求。氢能在长周期储能方面相比电化学储能有明显优势。由于充放电循环周期较长，长周期储能往往需要大规模能量存储。氢能的能量存储边际成本远低于电化学储能，且无须发电后回输电网，可直接应用于交通、工业、建筑等终端用能部门，大幅提升了可再生能源的利用规模。长周期储氢的市场规模取决于可再生能源发电规模和成本，当电力系统长周期调峰需求较高且可再生能源发电成本较低时，氢储能的经济性将逐步显现。

目前，氢储能已被多个国家和地区列为国家能源体系的重要组成部分。在欧洲，现在已由德国牵头将氢能列入欧盟能源体系，自2013年起，德国已经开发运行了十多个氢储能示范项目。在德国，由于高压输电线路建设的滞后，无法将北方的风电运输到南方电力高需求地区，许多研究者已经将Power-to-Gas（PtG）视为在德国北部利用剩余风力发电的一种方式。该技术仅在德国约30多个研究和试点项目中启动并运行，目前尚未实现盈利。

2011年德国E.ON和Greenpeace Energy等能源公司在德国建立了6MW的风电氢示范项目，在用电需求高峰时段，优先将风电全部并入电网，在电力需求低谷时段，将风电转化为氢气存储起来，然后再通过天然气管网掺氢输送至附近热电厂进行热电联供。此外，Audi 公司于 2013 年在德国建成了 6MW 的“光伏-氢-甲烷”项目，通过光伏发电制取氢气，再与二氧化碳重整制成甲烷，年产甲烷能力达 1000t。

氢储能规模取决于波动性可再生能源发电渗透率。不同可再生能源渗透率下电价分布与电解水制氢成本，如图 4-12 所示。当可再生能源渗透率超过 50%时，一年内市场中批发电价低于 0.1 元/(kW·h) 的时段有约 2000h（包括 1000h 的零电价时段），此时电解水制氢成本将降低至 10 元/kg。目前中国可再生能源发电装机位居全球首位，风电能、太阳能等波动性可再生能源装机在全部装机占比达到 24%，预计到 2050 年，风电、光伏装机占比将超过 80%。氢储能的经济性将很大程度上取决于可再生能源发电成本。在早期，可再生能源享受上网电价补贴和全额保障性消纳，氢储能对可再生能源发电企业的吸引力较弱。以 0.5 元/(kW·h) 上网电价计算，发电侧可再生能源制氢的成本高达 30 元/kg，考虑到氢气配送成本，短期内实现商业化运营存在较大难度。但随着可再生能源发电成本的下

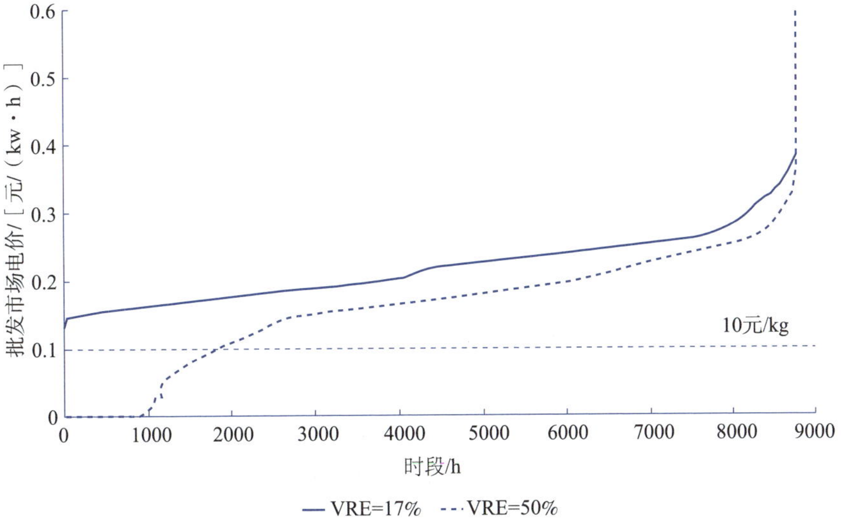

图 4-12　不同可再生能源渗透率下电价分布与电解水制氢成本

降，氢储能的价值将相应提升。特别是在电力市场改革背景下，随着可再生能源比例的逐渐增高，可再生能源发电将越来越多地参与市场化交易，其在特定时段拥有显著的成本下降空间，从而带动氢储能的市场需求。近期研究表明，从可再生能源中生产氢气在利基市场已经具有成本竞争力，并且可能在十年内在工业规模应用中具有初步的竞争力。

相比其他储能技术，氢能具有功率单元投资成本高、能量单元投资成本低、充放电效率低的特点。若充放电频率较低，平均单次充放电时间长，那么氢储能能量单元成本低的优势更明显；相反，若充放电频率提升，充放电时长下降，那么储能功率单元成本在系统成本中的比重增加，氢储能的劣势将逐步显现。以当前各类储能技术成本来看，若年度充放电频率在100次以下；那么氢储能充放电成本优势较为明显，若年度充放电频率高于300次，那么氢储能成本高于其他储能技术，如图4-13所示。

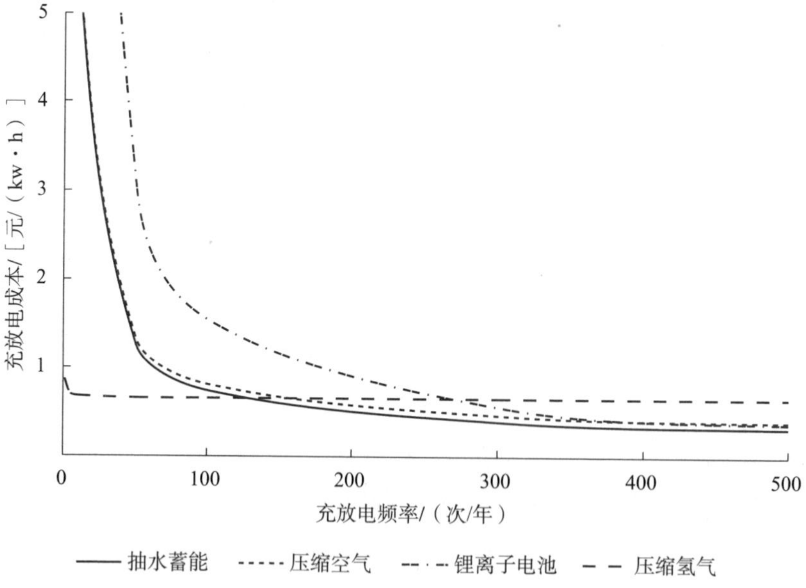

图4-13 储能技术平准化充放电成本对比

资料来源：国家发展改革委能源所。

综合以上分析，氢能在各场景下的应用前景可以通过应用前景的经济平衡点和氢成本的对比来确定。图 4-14 描述了 2020—2050 年氢能生产、储运、加注及各类氢能应用场景的经济性平衡点。总体来看，各类生产、储运和加注方式的成本都将随时间逐渐下降，进而达到或者低于特定应用场景的成本接受度。在各类应用场景中，工业的各类固定应用场景氢气价格接受度基本保持稳定，而建筑领域燃料电池热电联产应用场景由于受燃料电池技术经济性的变化影响，其氢气价格接受度在不同时期有所差异。各类固定应用场景氢气价格接受度在 6~15 元/kg。需注意的是，尽管各类

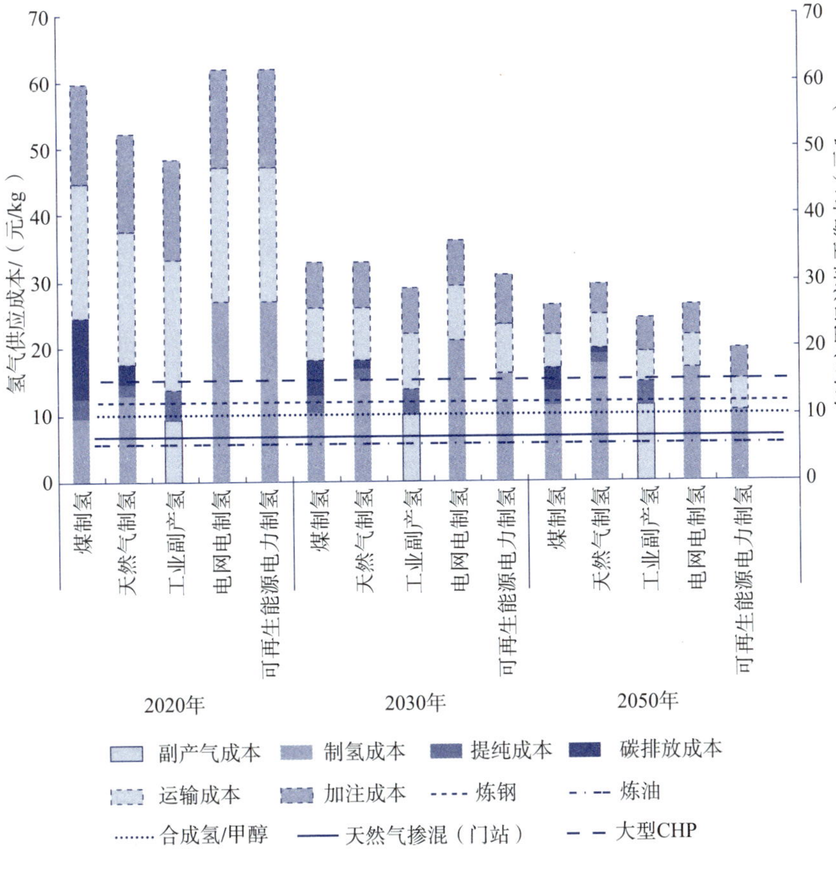

图 4-14　分阶段氢能供应成本及应用的经济性平衡点对比

资料来源：国家发展和改革委员会能源研究所。

氢能供应方式的成本都包含储运及加注成本，但对于一些工业部门，氢源与消费者间往往距离较短或可实现集中运输，其配送及加注成本也较低。因此，凭借集中储运等方式，可再生能源制氢也有望在2050年前对钢铁、合成氨、合成甲醇等氢气价格接受度相对较高的行业实现对化石能源消费的经济性替代。

第五章

氢能供需展望

一、氢能应用前景与路径展望

本章将在此前情景研究的基础上，参考近年来国内团队碳中和研究成果，评估未来适应我国低碳能源转型整体目标的氢能需求。目前国内针对我国 2060 年碳中和背景下能源消费总量及结构变化的公开研究成果较为有限。其中，清华大学气候变化与可持续发展研究院、清华大学能源环境经济研究院和美国落基山研究所的研究成果较具代表性。

根据清华大学气候变化与可持续发展研究院温升 2℃目标情景，预计全国 CO_2 排放到 2025 年左右将达峰，2050 年将下降到约 29 亿 t，结合碳捕存（Carbon Capture and Storage，CCS）和森林碳汇，净排放约 20 亿 t，对应一次能源消费 52 亿 tce，终端能源消费 29 亿 tce；若要满足温升 1.5℃目标情景，预计 2050 年 CO_2 排放约 12 亿 t，结合 CCS 和森林碳汇，可基本实现碳中和，对应一次能源消费 50 亿 t，终端能源消费 26 亿 tce。清华大学能源环境研究院的研究延伸至 2060 年，在 2060 年碳中和情景下，2050 年一次能源将消费约 52 亿 tce，2060 年将降至 47 亿 tce，但研究未给出终端能源情况。落基山研究所研究显示，若中国要在 2050 年实现零碳排放，一次能源消费相比 2016 年降低 45%，终端能源消费将比 2016 年降低约 27%，从 30 亿 tce 下降到 22 亿 tce，化石能源需求下降 90%。研究特别指出，2050 年零碳情景下氢能消费将达到 8100 万 t，氢的应用将扩展至钢铁、水泥、化工等工业、重型交通及航空领域。

基于上述研究可以看到，温升 1.5℃情景能够满足 2060 年碳中和目标，该情景下2030年后碳市场基本形成，二氧化碳排放价格逐渐提升，氢能对于能源系统深度减碳的战略价值将得到体现。到2050年终端能源消费预计约为28亿tce，其中氢能消费量约达到8000万t，占比达到13.9%。作为中长期终端能源脱碳的重要途径，预计氢能消费量在2050—2060年将保持增长，其在终端能源消费中的比重也将持续提升至17%。

（一）交通部门

交通运输部门是我国能源消费增长最快的领域。交通部门用能结构变化的主要趋势是电能代替化石能源。目前中国乘用车，除大型客车外，主要采用汽油内燃机技术，新能源汽车主要以纯电动汽车、插电式混合动力汽车为主。在商用车领域，柴油内燃机汽车为主流，近年来电动及燃料电池车型也日益增多，并开始替代城市短途物流车、专用车等货运车型。2020年全国新能源汽车销量136.7万辆，占全部汽车销量的5.4%。根据《节能与新能源汽车技术路线图2.0》的目标，2025年新能源车销量将占总销量的20%左右，到2030年我国新能源汽车销量将占汽车总销量的40%，2035年新能源车将成为主流，占汽车总销量的50%以上。

尽管随着锂电池技术的不断进步，国内短途乘用车市场呈现快速电动化趋势，但在碳中和目标下，氢能在交通部门深度脱碳过程中仍起到关键作用，其在燃料电池商用车、水运领域都具有较大发展空间。燃料电池汽车车载氢能装置能量密度远高于锂电池技术，更适用于商用运营车辆需求。截至2020年底，全国燃料电池汽车推广量超过7000辆，几乎全部为商用车型。根据《节能与新能源汽车技术路线图2.0》的目标，2030—2035年全国燃料电池汽车推广数量将超过100万辆，将成为货运领域重要清洁化手段。

根据前文各类车型经济性对比的分析结果可知，从中长期看，各类燃料电池汽车的全生命周期经济性将均优于燃油车。相比电动车，燃料电池大客车经济性与之基本相当，尤其是在长续航工况下，FCV的经济性将在2030年前同时超过长续航电动大巴和燃油大巴，而在短续航工况下，FCV

的经济性不如短续航的电动大巴。因此，预测 FCV 大客车在 2030 年前将通过补贴的方式提高占有率，从 2030 年开始将以市场化的方式从 15% 占有率快速提升到 2040 年 35%左右的占有率，之后随着城际大巴市场逐渐饱和，缓慢增加到 2050 年约 45%的占有率。燃料电池重卡的经济性将从 2035 年以后逐渐优于电动卡车和 LNG 重卡，加上燃料电池车有着加氢速度快的优势，因此，在重型货车领域，燃料电池车市场占有率将从 2035 年开始快速提升，到 2050 年将会有很高的渗透率（销量占比 75%左右），如图 5-1 所示。对于轻型物流车，在早期推广阶段的政策扶持下销量占比提升较快，但是到了中后期，由于其在短距离运输领域的经济性相比电动物流车有较为明显的差距，市场占有率提升缓慢。在乘用车领域，在大部分应用场景下电动车有比较明显的经济性优势，但是电动乘用车一方面在北方寒冷地区冬季有续航明显减少的缺陷，另一方面充电时间较长，不适合频繁的长距离行驶，因此，燃料电池车对于对长续航有较高要求的用户仍有更大的吸引力，尤其是北方地区的用户。预计燃料电池乘用车在出租车和网约车应用中将有相对较高的渗透率，在私家车中也将有一定的销量。

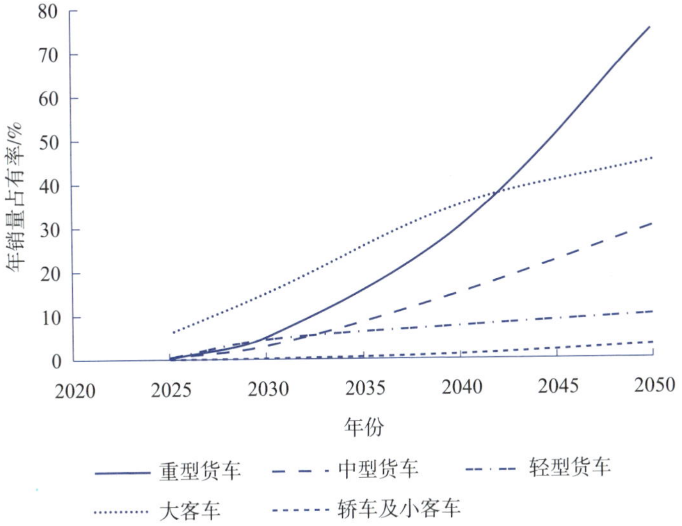

图 5-1 不同车型渗透率变化预测

因此，通过政策驱动，燃料电池车推广将以大巴车和轻型物流车为主。预计截至2025年底，全国累计推广燃料电池车预计约10万辆，以大客车和轻型货车为主，当年氢气总消费量将达到近20万t。其中，大客车氢气消费量约14万t，占比达到70%；其次是重型卡车，虽然数量不多，但是由于单车能耗大，用氢强度远高于其他类型的燃料电池车（如小型物流车、私家车等），氢气消费量约4万t；另外，轻型物流车共消费氢气约1万t，虽然数量较多，但由于用氢强度低，消费量较小。

到2030年，当年燃料电池汽车保有量将超过80万辆，大客车和轻型物流车占比降低到60%左右，重型货车占比提升，氢气消费量将达到约150万t。其中重型货车随着保有量的提高，在氢气消费总量中的比例快速提升，从2025年的约20%提高到近60%；大客车消费量虽然增长超过2倍，但是占比则降低至约30%；另外，轻型物流车消费氢气快速增长，达到12万t，约占车用氢能总消费的8%。

在中远期，燃料电池车推广将主要通过市场来驱动，燃料电池重型货车销量和占比大幅提升，到2050年，总保有量将超过2000万辆，占全部汽车保有量的4%。其中，重型货车保有量将大幅提升至750万辆左右，乘用车虽然渗透率不高，但是由于基数大，到2050年保有量也将在1000万辆左右。燃料电池车保有量大幅提升，带动氢气消费量快速增长，2050年各型燃料电池车氢气总消费量将超过3000万t。其中，重型货车的消费量和占比均快速提升，2050年将达到近2700万t，在全部车用氢气消费总量的占比超过85%；大客车消费量将提高到约230万吨，在全部车用氢气消费总量的占比则进一步降低至不到10%；其他车型虽然数量超过全部燃料电池车的一半，但是由于用氢强度远低于重型货车和大客车，因此消费量全部只有约150万t，在总量中占比较小。

除了陆上交通外，我国内河流域常年运营船舶约为20万艘，平均船龄为11.2年。其中，采用柴油机动力的船舶超过九成，每年产生含油废水和生活污水达 3.6 亿吨，直接影响流域内约 5 亿人的饮水安全。2017 年、2018 年交通运输部接连出台《关于推进长江经济带绿色航运发展的指导意见》《长江经济带船舶污染防治专项行动方案（2018—2020 年）》，要求加快老旧船舶、高排放船舶的淘汰速度，推广清洁低碳的绿色航运技术装备。在清洁低碳技术船舶中，电动及氢燃料电池较纯电力系统适用的船型更加广泛，且此类船舶较 LNG 船舶碳排放量更低。电能及氢能对船舶用化石能源的部分替代，有助于缓解内河和湖泊污染问题，实现长江流域“共抓大保护”目标。

我国在船用动力电池技术、船用直流推进技术、船用充电技术等方面都比较成熟。目前高功率燃料电池技术尚未成熟，燃料电池船舶在早期阶段的推广速度也相对滞后于电动船舶，但后期随着氢燃料存储优势逐步显现，燃料电池船舶的市场渗透率将逐步提升至电动船舶水平，即 2030 年将开始市场化推广，到 2050 年市场占有率将达到 20%，届时每年氢气消费量将接近 120 万吨，如图 5-2 所示。

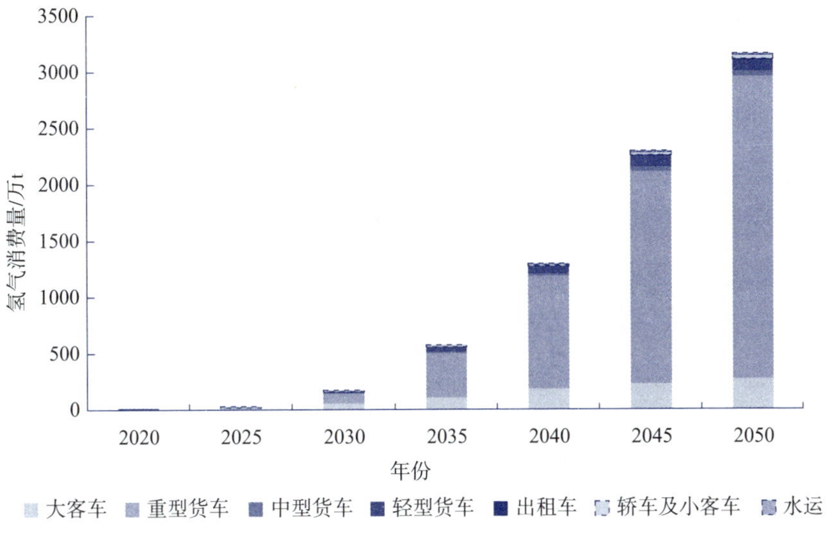

图 5-2　交通领域氢气消费量展望

（二）工业部门

清洁氢能在煤化工、石油化工、冶金等工业领域替代化石能源的潜力巨大。长江沿线化工园区较为密集，化工用氢规模较大，当前制氢几乎全部通过化石能源，未来通过低成本可再生清洁能源电解水制氢实现对化石能源制氢的部分替代，并有力带动电力消费规模。

合成氨工业是关系我国国民经济的重要行业，它是我国化肥工业的基础，也是传统煤化工的重要组成部分。我国合成氨工业自20世纪50年代以来不断发展壮大，已成为世界上最大的合成氨生产国，合成氨产量约占世界总产量的1/3。同时，合成氨行业也是消耗能源的大户，世界上约有10%的能源用于生产合成氨。合成氨、合成甲醇的主要原料为合成气，我国煤化工的第一步基本都是煤气化制合成气的过程，若追溯至一次能源，煤炭是我国合成氨、合成甲醇的主要原料。若能以可再生能源制氢方式满足合成气中间品中的氢气需求，将有助于降低化工行业对化石能源的依赖度。“十二五”期间，我国合成氨产量增速变缓，目前国内合成氨市场已经逐步进入去产能状态。预计2030年合成氨产量将达到峰值约5500万t/a，此后逐年下降，到2040年将降至5240万t/a，2050年将降至低于5000万t/a。照此估算，合成氨行业氢气消费也将呈现先升后降的趋势，到2030年氢气需求将从目前约1000万t/a提升至峰值1100万t/a，此后逐年下降，至2050年将低于1000万t/a。

近年来，我国甲醇产量逐年上升。2017—2018年甲醇行业表观消费量增速均在2.6%左右，预计2019—2025年我国甲醇行业表观消费量复合增速约为3%，到2025年，我国甲醇表观消费量约为6724万t。目前，我国由焦炉气等原料制造甲醇的产能尚有富余，甲醇替代石油燃料具有充足的产量和产能保障。甲醇的诸多优势使其成为后石油时代最具可行性的替代燃料之一，特别是通过碳中和与可再生能源结合，甲醇的应用潜力将得到更大发挥。

我国石油炼制氢气消费量仅次于合成氨，主要用于石脑油加氢脱硫、精柴油加氢脱硫，以改善航空燃油的无烟火焰高度、燃料油加氢脱硫、加氢裂化。2019 年我国原油一次加工能力达到 8.61 亿 t，全年原油加工量为 6.52 亿 t。随着石油消费量的增长和成品油品质要求的不断提升，石油炼制行业的氢气消费量有望持续增加。根据国际能源署的预测，2018—2030 年全球炼油厂氢气消费量将增长 7%，达到 4100 万 t/a。但 2030 年后，由于油品标准达到较高水平及交通部门能源效率和电气化率持续提升，炼油厂氢气消费将逐步下降。预计全国成品油消费量在 2030 年前达到顶峰后逐步下降，到 2050 年降至目前水平的一半左右。

低碳转型下钢铁行业具有巨大的清洁氢气需求。自 1996 年中国粗钢产量突破 1 亿吨，成为全球最大钢铁生产国以来，我国粗钢产量保持快速增长，并长期占据全球半壁江山。尽管 2015 年国内粗钢产量出现下降，但 2016 年钢铁供给侧改革拉开大幕之后，行业逐渐回暖，钢铁产量再次逐年攀升。2015 年至今，中国粗钢产量已累计增长近 24%。随着化解钢铁过剩产能工作的深入推进，钢铁产业需重归平衡，行业运行基本稳定。据中物联钢铁物流专业委员会调查及最新发布的报告，2020 年全国粗钢产量为 7.8 亿 t，钢材产量为 13.2 亿 t，同比分别增长 4.5%和 7.7%。钢铁行业清洁能源制氢需求同样取决于经济性水平，按照前文的分析结论，当可再生能源制氢成本降至 12 元/kg 时，可再生能源制氢将在钢铁行业具备较高市场竞争力。因此，预计 2030 年可再生能源制氢在高炉炼铁过程中的市场渗透率为 4%，到 2050 年渗透率将进一步提升至 25%。除经济性外，钢铁行业制氢需求同样受钢铁市场需求及高炉炼钢市场占比因素的影响。预计随着国内产业结构的进一步调整，钢铁市场需求将持续收缩，而高炉炼铁的市场占比将在 2050 年下滑至 30%，钢铁行业氢气需求增速将逐步放缓。综合考虑两方面因素的影响，预计到 2030 年钢铁行业氢气需求约 50 万 t，2050 年达到约 800 万 t。

天然气掺氢燃料是将氢气与天然气按一定比例混合而得到的代用气体

燃料，是"浅氢燃料"的一种。天然气中掺入氢气可以改变天然气的燃烧特性，掺氢天然气可被直接利用，也可将氢与天然气分离后分别单独使用。天然气产业正处于蓬勃发展的阶段，世界上已建成的天然气管道数量庞大，其运输和承载能力巨大，如果将电能制备的氢气掺混入现有的天然气管网，管网可以承载和存储相当大容量的能量。

此外，氢气是非常好的高品质热源，通过电力、地热能、生物质等可实现工业低品质热和中品质热的脱碳，但难以在高品质热领域实现脱碳。氢气可作为燃料代替天然气和其他化石燃料，通过氢气专用燃烧器中的氢气燃烧过程产生高位热能（>650℃）。例如，高能耗的水泥、炼化行业中需要大量的高温热量。

考虑以上各工业部门产量未来的增速，以及对绿氢经济性的展望，笔者对工业部门氢气消费量进行了预测。预计未来成品油加工、合成甲醇、炼化加氢等传统用氢部门的氢气需求将有所下降，但在金属冶炼与合成燃料部门氢气需求的拉动下，整体工业部门氢气消费将保持增加，到2050年将达到约4600万t，如图5-3所示。

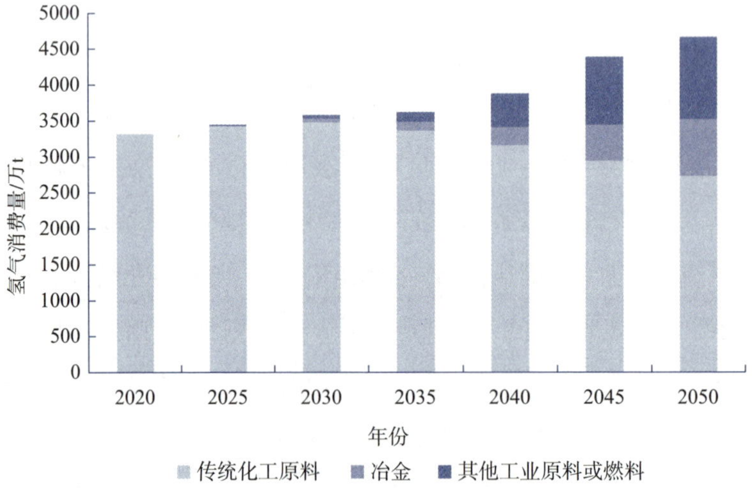

图5-3　工业领域氢气消费量展望

（三）建筑部门

住宅建筑能源需求主要来自采暖、炊事和家用电器等三个部分。居民用电主要用于炊事及家用电器。比照发达国家的建筑通风制冷能耗水平，随着居民对住宅环境的舒适程度追求越来越高，未来中国住宅建筑在制冷通风电器方面的耗能将大幅提高。目前，在中国城镇和农村地区均已普及冰箱、洗衣机和电视机等日常家用电器，未来还将大量普及电脑等信息类家用电器。公共建筑将大量采用集中供热和先进节能保温技术，建筑节能率将逐年提高，建筑采暖能耗强度指数将持续降低，大型公共建筑采暖仍以集中空调系统供暖（即热泵）和集中供热为主。

随着人口进一步增长和城镇化水平不断提高，建筑作为人们工作生活和休闲的主要空间，将消耗越来越多的能源，消耗主要包括采暖、制冷和各种电器设备的电能消耗。届时建筑部门煤炭消费将不再增长并开始下降，电力消费持续快速增加到约 3.5 万亿 kW · h，集中供热、生物质供热、太阳能供热、地热能供热等可再生能源供热增加。如果自 2035 年，中国北方地区冬季采暖采用部分燃料电池热电联产技术，那么到 2050 年，北方、华中地区城市公共及商业建筑、部分住宅小区氢燃料电池热电联产技术渗透率将为 5%~20%，2050 年建筑及发电领域氢气消费量将达到 300 万 t。

通过以上对交通、工业、建筑领域能源消费变化及终端能源利用技术发展趋势的分析，笔者对 2020—2050 年氢能消费量前景进行了预测。氢能将在交通领域最早实现商业化应用，尤其是在长距离重载的货运和长途客运领域有望率先实现较大规模的应用。而在其他领域，包括建筑、工业等领域，由于到中远期才能实现其绿色和低成本生产要求，需要在更有利的碳排放政策下才能更早地启动规模化应用，因此短期内仍将以研究开发或者技术示范为主。预计道路交通部门将引领终端能源消费转型，中后期货运车辆清洁化将以燃料电池技术带动，到 2050 年燃料电池车辆将占到重型卡车销量市场的 90%；2030 年前电动船舶将得到初步推广，后期燃料电池船舶数量增速将加快，到 2050 年也将占存量市场的 10%左右。氢能对工业用能清洁化具有重要战略价值，尽管未来合成氨、合成甲醇、石油炼制等行业的氢气需求或将有所缩减，但钢铁行业和其他工业燃料行业的氢气需求增量有望带动工业氢气需求总量持续增加。2035 年后，基于氢能的热电联产技术将在我国北方及华中地区建筑部门逐步推广，终端氢气需求将同步增加。

基于上述判断，预计在 2060 年实现“碳中和”背景下，2050 年终端氢气消费量合计将达到 8000 万 t，折合标准煤 3.9 亿 t，成为仅次于电力的第二大终端能源品种，在终端能源消费总量中占比 13.9%，如图 5-4 所示。到 2060 年，预计氢能消费将进一步提升至 1 亿 t 左右，在终端能源中的消费占比约达到 17%，且基本实现全绿氢供应。2050 年之后在工业领域将更大程度地进行深度脱碳，高炉炼钢将基本被电炉钢和氢还原铁炼钢替代，带动炼钢氢能消费量大幅提升，氢合成燃料用作工业高品质热的量也将大幅增长，并且增加的消费量要远高于其他领域（如合成氨、合成甲醇）下降的氢气消费量，到 2060 年工业部门氢气消费量将达到 5700 万 t。2050 年后交通领域氢气消费将仍有所增加，到 2060 年将达到约 3600 万 t。

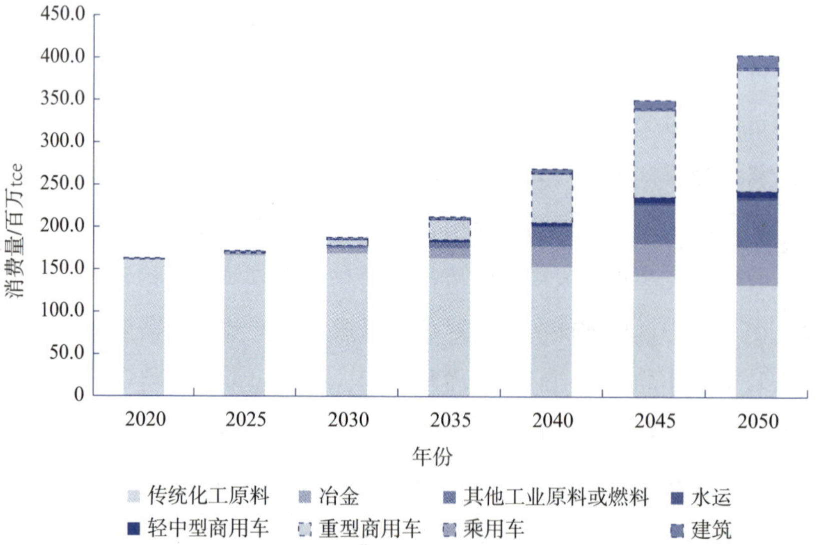

图 5-4　2020—2050 年不同部门氢气消费预测

从分布来看，预计随着交通领域氢能消费量的快速提升，其地理分布也将相对均衡，主要集中于经济发达地区以及物流干线。在工业氢气方面，合成氨、合成甲醇及成品油加工等传统行业氢气需求整体变化较小，2030年后氢气消费量将呈下降趋势，山东、内蒙古、河南、山西等省（自治区）仍将是传统行业氢气需求集中地。冶金行业的氢气需求是未来工业领域氢气需求的主要增量，预计主要分布在河北、江苏、山东等省。

二、中国氢能供应体系发展路线分析

（一）中国氢能供应发展路径

氢气的终端价格降低需依靠上游产业链制氢、储运、加氢各环节的整合，需要寻找更绿色、更经济的氢气来源，采用更高效的氢气制取方式和更安全的氢气运输渠道。从长远看，随着用氢需求的增加，需要因地制宜，支持可再生能源的分布式制氢加氢一体站、经济高效的集中式制氢以及液氢或管道储运等方案的多元化发展。

从氢能应用规模发展情况来看，在氢能发展初期（到2025年），氢气作为燃料增量有限，工业副产制氢因成本较低，且接近消费市场，将成为以车用为主的新增氢能消费中的供氢主体，这一时期虽然可再生能源发电制氢成本较高，还难以大规模发展，但应该积极推动开展可再生能源制氢的技术示范；在中期（2025—2030年），交通等新增氢能消费将初具规模，单纯副产制氢已经难以满足增量市场需求，并且可再生能源制氢在局部地区将具备经济竞争力，因此这一时期增量氢气消费将形成可再生能源发电制氢和工业副产制氢并重的方式。

根据我国电力装机和布局的结果①，到2030年全国风电、光伏发电装机功率将分别达到8.5亿kW和10亿kW，合计发电量将超过3.2万亿

① 中国可再生能源发展报告2020，国家发展和改革委员会能源研究所。

kW·h，若按5%波动性计算可再生能源电量制氢量，全国每年风电、光伏弃电制氢量可接近300万吨，可满足约超过100万辆燃料电池商用车的用氢需求。我国风能、太阳能资源较好的地区主要分布在北部，离终端消费距离较远。目前，国内近中距离（500km内）氢气运输成本为10~20元/kg，而长距离氢气运输需面临技术和经济问题。因此，考虑到绿电资源地理分布的因素，短期内绿氢应用经济性仍需通过调整碳价等政策机制给予保障。

从中远期来看，一方面，可再生能源制氢成本将开始全面展现经济性优势，到2050年，全国风电、光伏发电装机预计将分别达到26.6亿kW和28.7亿kW，风光合计发电量预计可达到12万亿kW·h，可再生能源电力在全部电量中的比重将超过80%。低价的可再生能源发电以及弃电占比将大幅提升，因此可以将大部分的可再生能源富余电力加以利用进行制氢。通过大规模的电解制氢，氢能可显著提升波动性可再生能源的消纳规模。集中式的可再生能源电力直接制氢成本最低，2050年将不超过10元/kg，而利用电力市场的低价电网电制氢的成本也将处于较低的水平（约17元/kg），并且可以发挥离消费市场近的优势，减少储运成本，因此，假设2050年用于电解水制氢的风电、光伏发电量占比达到20%，那么可再生能源发电制氢电量将接近2.5万亿kW·h，对应制氢规模约6000万吨。另一方面，氢能在交通等领域消费规模明显提升，因此新增氢能消费将基本以绿氢为主，并且在工业原料领域绿氢也将开展存量替代，绿氢规模和比例将快速提升。绿氢大部分应用于工业、交通领域作为清洁原料及燃料，另有约5%比例的绿氢通过燃料电池以电力形式流回电力系统。预计到2050年，绿氢供应规模在全部氢气中的比重将达到80%，同时，各地将结合自身资源，兼顾技术发展、经济性以及环境容量，因地制宜选择其他制氢路线。随着2050年后化石能源（煤炭、天然气）价格和排放约束进一步趋严，2060年灰氢将基本退出市场，剩余的化石能源制氢都将需要进行碳捕存处理。2020—2060年氢能供应结构预测如图5-5所示。

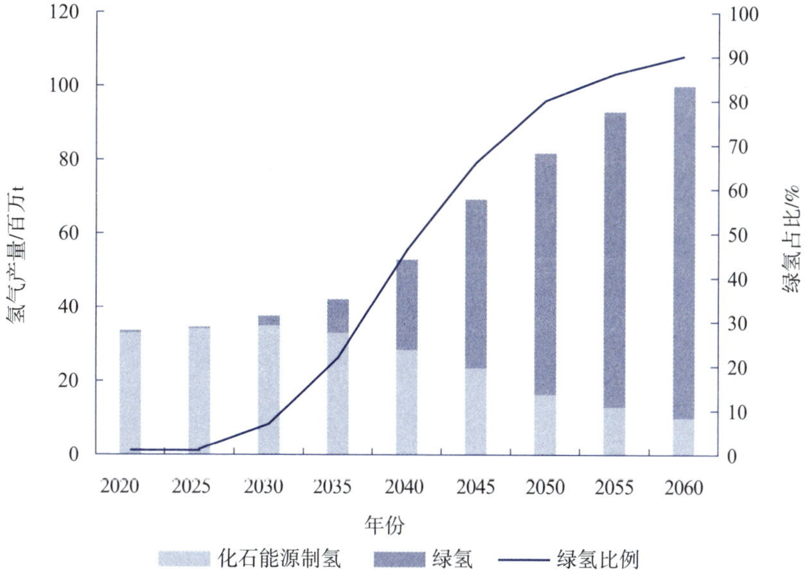

图 5-5　2020—2060 年氢能供应结构预测

氢能储运的发展，预计将按照“从气态低压到高压”以及“从气态到液态及管道等多元共存”的发展路径，逐步提升氢气的储存和运输能力。短期内高压气氢仍将是我国氢气主要储运方式，压缩氢气长管拖车初始投资小，最为灵活，适合较小规模、运距短的应用场景，尤其是将其运输压力标准提高到 50MPa 时，尤其适合在氢能发展前期作为主要的运输手段，在氢能大规模发展之后适合作为短距离运输的补充。管道初始投资大，是一种适合大规模且长短距离合适的运输方式，当负荷利用率高时，运输成本比长管拖车和液氢罐车都要低，适合在氢能大规模发展之后作为主要的运输手段。液氢罐车运输作为一种成本相对高的适合长距离运输的方式，可以发挥其相对管道运输更为灵活的优势，进行中等规模的中长距离的点对点运输。

基于上述判断，表 5-1 给出了 2020—2060 年氢气运输方式的展望。随着氢能市场规模的扩大，到 2030 年高压气氢运输市场份额将从目前的近

100%下降至85%左右，低温液氢运输和管道运氢的市场份额将逐渐提高，最高分别有望提高至10%和5%；到2060年由于市场规模的扩大和运氢距离的延长，管道运氢将成为氢气主要运输方式，市场占比有望接近一半，其余运输方式主要是低温液氢和高压气氢运输，两者市场占比基本相当。

表5-1　2020—2060年氢气运输方式展望

运输方式	2020年	2030年	2050—2060年
高压气氢	约100%	85%～90%	20%～30%
低温液氢	—	5%～10%	15%～25%
管道运氢（掺混及纯氢）	—	≤5%	40%～50%
其他（有机液体、固态氢等）	—	—	≤5%

（二）中国氢能供应总体布局

我国可再生能源资源分布不均衡，风电、光伏等可再生能源发电资源主要集中在内蒙古、新疆、青海、西藏、甘肃等地区，而中东部、南部能源消费集中区域可再生能源资源量相对有限，这也意味着未来西北地区大型可再生能源基地集中制氢也将面临本地消费及长距离输送的挑战。

我国的风能资源分布广泛，其中较为丰富的地区主要集中在北部（东北、华北、西北）地区以及东南沿海及附近岛屿。北部地区风能丰富带包括东北三省及河北、内蒙古、甘肃、宁夏和新疆等省（自治区）近200km宽的地带，风功率密度为200～300W/m^2，有的可达500W/m^{2}以上（如阿拉山口、达坂城、辉腾锡勒、锡林浩特的灰腾梁、承德围场等）。沿海及其岛屿地区［包括山东、江苏、上海、浙江、福建、广东、广西和海南等省（自治区、直辖市）沿海近10km宽的地带］年风功率密度在200W/m^{2}以上，风功率密度线平行于海岸线。东部沿海水深5～20m的海域面积辽阔，但受到航线、港口、养殖等海洋功能区划的限制，近海实际可开发的风能资源量远远小于陆上。但在江苏、福建、山东和广东等地，近海风能资源丰富，距离电力负荷中心很近，近海风电具有一定发展潜力。

从中国太阳年辐射总量的分布来看，西藏、青海、新疆、宁夏南部、甘肃、内蒙古南部、山西北部、陕西北部、辽宁、河北东南部、山东东南部、河南东南部、吉林西部、云南中部和西南部、广东东南部、福建东南部、海南岛东部和西部以及台湾地区的西南部等广大地区的太阳辐射总量很大。光伏发电一类资源区涉及五个省份，均在我国西北地区。其中，青海省海西州光伏资源范围为1850~2000kW·h/m^2，固定最佳倾角年发电时长为1700~1850h；甘肃北部（包括嘉峪关、武威、张掖、酒泉、敦煌、金昌等地）光伏资源范围为1700~1900kW·h/m^2，年发电时长为1550~1750h；内蒙古光伏资源范围为1500~1800kW·h/m^2，年发电时长为1350~1650h。

除资源条件外，本地电源结构、电网外送通道等因素也决定了未来可再生能源发展的空间布局。尽管西藏等边远地区具有较好的可再生能源资源条件，但当地能源需求有限，距离中东部用能负荷中心距离较远，未来可再生能源发展空间存在较大不确定性。相比之下，内蒙古可再生能源资源丰富，且通过京津冀等周边区域实现可再生能源就近消纳的能力更强。

在制氢地区分布方面，预计2030年我国华北和西北地区风电光伏装机规模和装机占比最高，西北地区虽然风电、光伏发电增速可期，但本地电力负荷以及外送空间相对有限，大规模风电、光伏发电并网存在较大消纳障碍，通过电力制氢输送到东部消费区域距离较为遥远。相比之下，华北区域是我国氢能消费集中区域，不论是氢燃料电池汽车还是冶金、化工领域，都具有较大氢能消费潜力。根据国家发展和改革委员会能源研究所①的预测，在温升低于2℃的情景下，内蒙古自治区2030年风电和光伏装机

① 中国可再生能源展望2019，国家发展改革委能源所。

规模将分别达到 2.54 亿 kW 和 1.27 亿 kW，2050 年风电和光伏装机规模将达到 5.54 亿 kW 和 3.90 亿 kW，居全国首位。内蒙古既具备较好的绿氢资源，又距离氢气消费地更近，有望成为未来波动性可再生能源制氢的核心区域，2030 年制氢量可达到约 100 万 t，2050 年预计将超过 1000 万 t，接近当年全国总量的 20%。

第六章

推动中国氢能产业有序发展的思考和建议

一、2018 年以来中国氢能产业发展呈现一定的过热现象

国内氢能产业相比国际先进水平，在核心技术、经济性、基础设施建设及标准体系等方面仍存在较大差距。

（一）部分地方和企业跟风及重复投资现象严重

2018 年以前布局氢能的城市屈指可数，而到 2019 年底已经有近 30 个省（自治区、直辖市）出台氢能相关政策或规划。2020 年全国又有超过 30 个地方政府发布了氢能发展相关规划，涉及加氢站数量超过 1000 座、燃料电池车数量超过 25 万辆。从已经出台的规划来看，部分地方政府对氢能和燃料电池产业发展显得信心十足，与追逐政策补贴的企业结合起来，一哄而上布局产能，但对当地资源环境条件以及产业能力考虑不足。地方政府和企业热捧氢能，与其面临着较大的能源转型和产业升级的压力有关，想通过氢能实现技术“弯道超车”和传统能源向清洁、低碳能源转型升级。

（二）核心技术尚未突破

燃料电池核心技术和关键材料与国际水平差距较大。具体表现如下。

一是在燃料电池汽车系统集成能力上有一定的差距，乘用车尤其明显。国外以 2014 年发布的丰田 Mirai 为代表，它实现了 114kW 的燃料电池功率、电堆 3. 1kW/L 的体积比功率、超过 5000h 的寿命，以及整车超过 500km 的续航里程，并在全球累计超过 10000 辆的销量。国内推出的燃料电池乘用车车型很少，同 Mirai 相比，在比功率、续航、寿命、成本控制等核心指标上有比较大的差距。在集成技术上较明显的差距，也是国内将

开发重点放在空间、重量要求更低因而集成难度也更小的燃料电池商用车的重要原因之一。

二是核心部件工程化能力亟须提高。燃料电池电堆是燃料电池汽车的核心，目前占国内主要市场的电堆生产技术主要还是来自巴拉德、水吉能等国外企业，国内企业在其授权下生产燃料电池电堆，膜组件等关键零部件也基本由外方提供，核心部件的自主开发设计和零部件的国产化受到很大限制。国内独立开发电堆的企业，如大连新源动力，虽然其生产的电堆性能已经能满足乘用车商业化的基本需求，但由于相比国外先进水平仍然处于一个较低的水平，批量化应用不足，在可靠性等方面有较大的差距。除了电堆，储氢瓶、氢气循环泵等也是目前差距较大的核心部件。气瓶压力越高，储氢瓶密度越低，整车的系统能量密度同样越高，可以实现更大的续航能力。日本丰田的乘用车用70MPa的Ⅳ型（非金属内胆纤维全缠绕）高压储氢瓶，具有122L容积，实现了5kg的储氢量和5.7%的储氢质量比，该车续航可达到500km以上。而国内由于标准以及技术的原因，只能使用压力低、质量更重的35MPa Ⅲ型（金属内胆纤维全缠绕）气瓶，储氢质量比只有3.8%左右，即使未来提高到70MPa压力后，储氢瓶的储氢密度也只能做到约5%。较低的储氢密度严重限制了燃料电池汽车的续航能力。

三是关键原材料性能差距大，基本需要进口。膜电极组件是燃料电池电堆的核心，成本占电堆成本的一半以上。国内用的膜电极组件以进口为主，虽然国内企业已能够自主生产膜组件，但是膜电极组件中最重要的原材料即质子交换膜和催化剂基本仍需进口。质子交换膜目前几乎被杜邦、戈尔等国外公司垄断，虽然国内（如东岳集团）已经开发出相应产品，但是市场开发还需时间。催化剂完全被英国JM、比利时Umicore和德国BASF垄断，其中JM的技术和市场处于领先地位。而国内的高性能催化剂开发仍停留在实验室阶段，商用催化剂基本需要进口。

（三）装备及燃料成本居高不下

当前氢能产业成本较高，主要有两方面的原因。一方面，燃料电池以及核心材料的成本目前仍过高，整车成本距主流消费区间仍有较大差距。尽管在技术和工艺持续进步的推动下，燃料电池汽车2020年的成本相比2010年降低了80%以上，但是成本仍然很高。即使当前有较高的国家和地方财政补贴，燃料电池车仍然难以实现真正的商业化，主要原因为燃料电池系统、部分关键辅件价格高昂。国内燃料电池系统目前造价仍在5000元/kW以上，离实现150~300元/kW这一与内燃机价格相当的目标价格还有非常大的差距。此外，这也与关键原材料价格居高不下、依赖进口有关。铂催化剂中的铂属于稀有贵金属，材料本身价格一直居高不下，而且国内燃料电池单位功率的载铂量还是日本丰田的两倍以上。质子交换膜、催化剂、碳纸等关键材料依赖进口，市场和价格由少数国际寡头垄断和决定。关键原材料价格高昂，严重限制了燃料电池系统成本的大幅降低。

另一方面，氢能产业链尚未打通，用氢成本较高。国内氢气来源丰富，工业副产制氢或煤制氢的价格相对偏低，约10元/kg；电解制氢的价格较贵，主要取决于电价水平，即使按照部分地区谷电0.3元/(kW·h)这一较低的价格计算，制氢成本也在20元/kg以上。国内储氢运氢都采用高压气态的方式，国内目前常用的长管拖车压力一般只有20MPa，运量小，而且储氢、运氢还需要专门的资质，导致目前高压气瓶储运氢的成本较高。加氢站建设成本也较高，按照750kg/a的加氢能力，加注相关价格也需要10元/kg。燃料电池乘用车按照百公里用氢1kg计算，在政府进行运营补贴的情况下，当前的百公里用能成本仍高达45元左右，这与燃油车的水平相当，高于混合动力的燃油车水平，更是远高于电动汽车的百公里用能成本。但是，如果地方政府和企业不考虑本地氢能供应能力，一窝蜂地往下游燃料电池和汽车领域布局，那么有可能造成上游氢源不足、下游产能过剩的产业畸形发展局面。

（四）基础设施建设尚不能支撑产业的极速扩张

第一，加氢站数量较少，加氢站供应能力有待进一步提高。截至 2020 年底，全国在建和已建加氢站共 181 座，已经建成 124 座，但其中很大部分加氢站的标准仅限于满足达到补贴的要求，加氢能力偏小。很多已建成的加氢站的加氢能力不超过 400kg/a，每天只能服务 100 辆乘用车或 16 辆公共交通客车，与加油站平均服务上千辆汽车相比，供应能力明显偏小。

第二，缺乏标准的加氢站建设审批流程，法律法规不完善。由于加氢站在我国尚属新鲜事物，从立项审批到建设过程的管理，以及建成后的运营管理等环节都缺乏既有的流程与管理制度。当前，我国大多数地区加氢站建设批复手续比较烦琐，部分地区对加氢站的审批建设尚处于摸索完善阶段，比如武汉市、佛山市逐渐建立了一套当地的建设和审批流程，并由住建部门负责。对于制氢厂，一些观点认为氢气生产属于化工生产，要位于化工区，以此否定了制氢加氢合建站的发展，但国家层面对此尚未有明确的法规。

第三，加氢站规划设计缺位。加氢站的规划设计、建造要想达到“商业化运营”的要求，其运营的经济性为首要条件，即要从规划设计阶段就开始关注加氢站类型的选择（合建站、集中/分散制氢等）和氢源的选择等因素。随着需要加注氢气的汽车数量的增多，商业化运营的加氢站应满足“连续加氢运行、经济过关、安全可靠”等基本要求，但是从国内建成的加氢站来看，早期建成的加氢站考虑得更多的是如何能够达到财政补贴的最低要求，以“示范性”“间隙性”加氢的方式运行。

目前，国内滞后的加氢站布点规划和建设制约了国内氢能产业的推广和发展。随着燃料电池核心技术的突破和成本的下降，氢能燃料电池汽车将逐步进入商业化、市场化发展阶段，加氢基础设施的服务覆盖范围及便利性将直接影响氢能燃料电池车辆的推广和普及。

（五）技术标准、检测体系严重落后

目前国内的氢能标准主要集中在应用领域，如燃料电池技术标准，它占据了氢能技术标准的50%以上，而在氢能基础设施、加氢站、安全性、氢品质、氢气储存、氢制备、加注设备和检测方面的标准相对缺乏，尤其是关于氢品质、氢储运、加氢站等的标准严重缺乏。这些既有国内起步较晚、核心技术积累有限的原因，也与我国科技和能源战略以及行业管理相对滞后有关。

首先，我国氢气储运的相关标准与法规不完善。我国针对氢气储运制定了相关标准，但是还没有形成一套体系化的储运标准。如关于氢气管道，目前还没有专门的氢气长输管道标准和配送管道标准。现有的氢气管道相关标准规范要求不全面，难以满足氢气长输管道建设需求。液氢是实现未来规模化氢能供应链的一种重要储运方式，但是我国目前还没有制定商用液氢供应链的相关标准。另外，我国氢气长管拖车工作压力目前限制在20MPa和25MPa，随着加氢站向更高的70MPa压力发展，长管拖车的工作压力应该增加，以提高运输效率、降低成本。

其次，我国加氢站技术与验收标准还不成熟。当前我国部分加氢站不能按照国际通行的标准实现3~5分钟快速加氢，无法控制加氢速率并预知车载储氢瓶的温升，达不到商业化运营的目标。部分站点的关键装备选型追求低价，甚至包括加氢机在内都无法满足长期连续可靠运行的要求。压缩机、储氢容器、加氢机等关键核心设备依赖进口。

二、氢能顶层设计应准确把握的关键问题

（一）准确把握氢能的战略定位

随着可再生能源的发展和终端能源的电气化，电能在未来能源转型中将扮演核心角色。但电能也存在其固有缺陷：一方面，电能不易大规模存

储，制约了波动性可再生能源的发展空间；另一方面，现有储电方式的能量密度有限，难以满足中重型移动场景用能需求。

氢能与电能一样同属二次能源，除来源广泛和清洁、低碳外，还具有能量密度高和便于存储的优点。氢能作为大规模储能介质，可满足高比例可再生能源系统对大容量、长周期储能的需求。单位重量氢气的能量密度是汽柴油的三倍以上，完全可以满足中重型移动场景的用能需求。此外，氢能作为中间媒介，可实现可再生能源、化石能源与电能、热能之间的无缝衔接，促进不同能源网络之间的协同优化，是构成未来能源互联网的重要元素。氢能可弥补电能短板，在发电领域有力支撑波动性可再生能源高比例渗透市场，在终端用能领域实现对化石能源的彻底替代，在能源互联网中促进各能源品种跨界协同，因此，氢能和电能互为补充，两者都是未来能源系统的重要组成部分。

（二）准确认识氢能技术和产业基础

尽管当前部分地方和企业对氢能投入了很高的热情，但是目前在全世界范围内，氢能及燃料电池产业发展总体仍然处于技术示范和商业探索阶段，技术发展还需要循序渐进。我国氢能与燃料电池技术与产业在核心技术、经济性方面与国际先进水平还有较大的差距。因此，氢能和燃料电池产业在中国总体还处于培育期，短期内仍应当以示范应用为主。对氢能的支持应当立足长远，政策支持要与技术产业发展相适应，节奏不宜过急、过猛，短期内如果以财政补贴的方式大规模推广氢能和燃料电池汽车，不仅会造成巨额的财政负担，也容易刺激地方和企业短期内进行大量无效、重复投资，导致产业的“大起大落”，并引发国有资产的重大损失。

（三）准确评估适应我国特点的氢能应用场景

燃料电池和分布式发电是国外最具代表性的氢能应用场景。而在国内，氢能应用应当结合我国国情。根据我国的能源特点以及从纯电动汽车发展现状来看，氢能及燃料电池产业在中国应该有所为、有所不为，即对国内技术成熟度较高、经济性较好的应用领域要重点支持和大力推广，对技术较不成熟、经济性无法保障的领域则继续开展研发和示范验证。

从应用看，要重点支持和发展燃料电池汽车在货运（尤其是重型货运）以及城市客车领域的应用。目前国内纯电动汽车在乘用车领域的产业基础、经济性、基础设施等方面相比燃料电池乘用车有着明显的优势，应该继续坚持当前乘用车领域纯电动的发展战略。要支持燃料电池汽车在货运、城市客运领域的发展，发挥其加氢时间短、续航长的先天优势，同时，这些应用领域对加氢站在城区布局要求相对较低，这也是促进其发展的一个优势。

氢燃料电池在其他领域如固定式发电等领域的应用，需要谨慎。与日本能源成本高、对外依赖强不同，我国发电成本较低。采用氢燃料电池进行固定式发电或热电联产，能源转换效率偏低（能源综合利用效率低于30%），发电成本也较高，在我国很长一段时期内并不具备大规模应用的基础，在大规模推广前必须进行充分示范和验证。

（四）准确把握制氢路线与碳排放的关系

氢气在使用过程中只产生水，在应用环节能够真正实现清洁低碳甚至零碳排放，因此氢能对环境的影响主要取决于氢气的生产方式。短期内，如果大幅提高制氢能力，会新增污染，并难以避免高碳排放的问题。传统的化石能源制氢方式，尤其是煤制氢存在明显的污染和高碳排放问题。高成本的电解制氢的方式对环境的影响取决于我国的电源结构，而在当前电源结构下并不能实现低碳排放。可再生能源弃电制氢虽具有成本较低、清洁、低碳的优点，但是难以在全国范围大规模推广。一是因为弃电问题随着电力市场的逐步完善和成熟有望得到进一步的控制和缓解；二是因为现在存在较严重弃电问题的区域都集中在西南和西北少数地区，生产和消费区域错配，长距离运输将面临基础设施和经济性限制。从长远来看，只有实现低成本清洁的规模化制氢，才符合我国能源革命的方向。只有采用可再生能源直接制氢，或者当可再生能源电力实现高比例发展后采用电网电制氢，氢能才可以实现真正清洁和低碳，这还需要通过长期的探索，一方面要不断降低可再生能源电力的成本，另一方面要努力降低电解制氢能耗。

（五）准确评估氢能安全风险

氢能安全是氢能大规模推广应用的前提条件。氢气的应用实践表明，通过各环节的安全管理，建立完善的安全操作规程和标准体系并严格执行，总体上可以实现氢能的安全可控的利用。当前氢气作为工业气体，在石油化工行业已经广泛应用了很长时间，目前在制氢、氢气储运的系统、电气、设备安全等方面已经形成了完善的设计标准体系和管理规范，加氢站的相关标准和技术规范也已经发布。而车载供氢系统已经形成了较为成熟的技术标准，包括关键环节技术设计和材料选择，以及严格的安全测试与密切的氢气监控体系等，以确保车辆安全。日本和德国的应用与推广实践也表明，氢能的安全性并不逊色于天然气和汽油，燃料电池车在事故和极端实验环境下，发生爆炸的可能性要比燃油车和电动车更低。

但也要看到，氢气的安全性方面仍存在一定的争议。氢气具有易燃易爆的特性，需要高度重视其从生产端到消费端的安全问题，不仅包括关注安全技术层面是否达标，更要重视氢能管理和运行中的人为因素，从而加快形成符合氢能特点的安全管理机制。尤其是对于各种不同形式的受限空间，比如隧道、地下停车场等，需要更深入研究并掌握氢气的泄露扩散规律，进而建立更为完善的安全规程和标准体系。

三、推动氢能产业有序发展的政策建议

（一）做好顶层设计，引导氢能稳妥有序发展

国家应通过进行有效的顶层设计，促进产业健康发展，防止产业大起

大落。与地方政府和企业对氢能巨大的投资热情不同，氢能产业目前发展总体还处于培育期。国家有关部门应当做好顶层设计，引导各地根据自身条件和产业基础，稳妥布局和规划氢能产业。发展路径和节奏要符合我国国情以及产业特点，避免大量无效、重复投资，尤其是要避免一哄而上争抢国外技术的局面。要从顶层设计上有效组织产业链相关企业协同、有序竞争，尤其要重视民营企业的关键作用，充分激发中小企业的活力，加快民营企业、中小企业的成长，夯实产业发展金字塔底层基础。

（二）加强核心技术自主研发和应用示范支持

我国氢能关键技术与国际先进水平仍存在较大差距，离氢能大规模应用还有很大差距。参考美欧国家的发展，在相当长时间内国家层面政策的重点仍应是支持开展氢能和燃料电池关键技术研发，提高技术创新水平。建议国家引导和扶持企业、科研院所开展氢能全产业链核心技术和关键设备的开发，补齐产业存在的技术短板，从补贴（或奖励）和项目审批等政策方面对大规模低成本清洁制氢、储运氢、燃料电池等技术的自主研发给予支持，推动自主氢能技术和自主化产品实现应用示范。

应根据氢能应用的技术进展以及国内发展情况，分步、有序地进行氢能在不同应用领域的推广或示范。要加快推进燃料电池在大巴、物流车、叉车等领域的应用和推广，同时，稳步、有序地引导氢能技术在电网调峰、氢储能、分布式供能、天然气混氢、热电联供等方面的示范，以此实现相关技术验证及运营经验积累，并探索形成可复制的商业模式，为氢能产业实现规模化推广打好基础。

（三）建立健全氢能政策、法规与标准体系

氢能产业是战略性新兴产业，在我国能源行业中的政策和法规还不够完善，缺乏相关技术、工程规范和标准。建议尽快出台适用于全国范围或地方区域的产业政策和发展指导意见，完善相关氢能法规，引导氢能产业

有序发展。

氢能仍缺乏体系化的氢气制取、储运以及加注标准。目前国家法规对氢气的存储与运输提出了监管要求，但在执行层面，行业基础标准与规定基本空白，标准体系建立过程阻碍大，如高压储氢瓶的相应标准《车用压缩氢气铝合金内胆碳纤维全缠绕气瓶》（GB/T 35544—2017）从备案到发布，过程长达近 10 年，而瓶阀等关键零部件的产品标准仍然缺失。建议相关部门尽快建立健全全产业链的标准流程体系，加快氢能应用的安全、计量检测、产品认证以及产品售后服务保障标准体系建设，并落实到执行层面。

（四）鼓励基础设施布局与模式创新

在氢能基础设施建设领域，国家产业指导部门应发挥对行业的指导作用。一方面，鼓励大型国有企业关注并投资氢能产业；另一方面，扶持民营企业，吸引更多社会资本参与氢能产业发展。国内氢能储运及加注细化政策及标准制定仍处于探索阶段。例如，一些地方鼓励加油（气）站与加氢站合建，对于利用加油（气）站已有用地建设的，免予办理规划选址、用地等手续。建议相关经验在全国推广。各地方政府应尽快明确相关监管职能部门，简化项目选址、报建、施工、经营全过程的审批及管理流程，加快加氢站等基础设施建设。在基础设施补贴方面，建议侧重“后端补贴”，即将补贴标准和额度与加氢站的运营情况挂钩，确保加氢站的建设及运行质量。

参考文献

[1] 日本新能源产业技术综合开发机构（NEDO）. 氢能和燃料电池战略发展路线图［R］. 2014.

[2] 中国氢能联盟 . 中国氢能源及燃料电池产业白皮书（2019）［R］. 2019.

[3] 中国氢能联盟 . 中国氢能源与燃料电池产业白皮书（2020）［R］. 2021.

[4] 韩敏芳，吕泽伟 . 日本氢能与燃料电池产业现状及对我国的启示［M］//中国汽车技术研究中心有限公司 . 中国车用氢能产业发展报告 . 北京：社会科学文献出版社，2018.

[5] 国际氢能理事会 . 氢能：如日方升［R］. 2018.

[6] E4tech. 2020 年燃料电池行业回顾［R］. 2021.

[7] IEA. Technology Roadmap Hydrogen and Fuel Cells［R］. 2015.

[8] IEA. The Future of Hydrogen［R］. 2019.

[9] IRENA. Hydrogen from renewable power［R］. 2018.

[10] IRENA. Green hydrogen cost reduction［R］. 2020.

[11] IRENA. Green hydrogen：status，drivers and barriers［R］. 2020.

[12] 蒋利军 . 制储氢技术研究进展［C］. 2018 年首届北京未来科学城氢能与燃料电池技术发展大会 . 北京，2018.

[13] 赵岩 . 煤制氢器——当今全加氢型炼油厂的发展方向［J］. 炼油技术与工程，2012，42（4）：11-14.

[14] 王业勤，杜雯雯 . 天然气制氢工艺技术现在与发展前景［A］. 国际

氢能产业发展报告（2017），2018.

［15］张碧航，等．水电解制氢技术及产业化应用［A］．中国车用氢能产业发展报告．2018.

［16］CANO Z P，BANHAM D，YE S，et. al. Batteries and fuel cells for emerging electric vehicle markets［J］. Nature Energy，2018，3（4）：279-289.

［17］潘相敏，等．加氢基础设施建设现状与前瞻［A］．国际氢能产业发展报告（2017）．2018.

［18］中国标准化研究院，全国氢能标准化技术委员会．中国氢能产业基础设施发展蓝皮书（2016）［M］．北京：中国质检出版社，中国标准出版社，2016.

［19］中国汽车技术研究中心．节能与新能源汽车路线图——氢燃料电池汽车技术路线图［R］．2017.

［20］中国汽车技术研究中心．节能与新能源汽车路线图 2.0［R］．2020.

附表

附表 1　国家氢能和燃料电池领域相关支持政策

公布日期	政策名称	印发单位	相关摘要
2020 年 9 月	《关于开展燃料电池汽车示范应用的通知》	财政部、工业和信息化部、科技部、国家发展改革委、国家能源局	中央财政资金支持方式从原来的补贴终端车辆转向对示范城市群进行奖励，对示范城市群内上游研发、制造以及下游车辆购置等进行支持，从而鼓励经济和产业基础好、积极性高、市场需求大的地方政府开展氢能新技术研发和产业化措施
2020 年 4 月	《关于调整完善新能源汽车补贴政策的通知》	财政部、工业和信息化部、科技部、国家发展改革委	将当前对燃料电池汽车的购置补贴，调整为选择有基础、有积极性、有特色的城市或区域，重点围绕关键零部件的技术攻关和产业化应用开展示范，中央财政将采取“以奖代补”方式对示范城市给予奖励（有关通知另行发布）。争取通过 4 年左右时间，建立氢能和燃料电池汽车产业链
2020 年 4 月	《中华人民共和国能源法（征求意见稿）》	国家能源局	第一部国家层面的法律将氢能定义为能源
2020 年 3 月	《关于加快建立绿色生产和消费法规政策体系的意见》	国家发展改革委、司法部	到 2021 年，完成氢能发展的标准规范与支持政策的研究制定工作
2019 年 10 月	《产业结构调整指导目录（2019 年本）》	国家发展改革委	高效制氢、运氢及高密度储氢技术开发应用及设备制造、加氢站、氢燃料电池汽车关键零部件等内容被列入鼓励类目录
2019 年 9 月	《交通强国建设纲要》	中共中央、国务院	加强城市加氢站点设施建设
2019 年 6 月	《鼓励外商投资产业目录》	国家发展改革委、商务部	鼓励外资目录包括氢燃料生产、储存、运输、液化，动力镍氢电池制造，加氢站建设、经营
2019 年 6 月	《关于继续执行的车辆购置税优惠政策的公告》	财政部、税务总局	到 2020 年 12 月 31 日，对购置包括燃料电池汽车在内的新能源汽车免征车辆购置税
2019 年 3 月	《政府工作报告》	国务院	推动充电、加氢等基础设施建设

续表

公布日期	政策名称	印发单位	相关摘要
2019 年 3 月	《绿色产业指导目录（2019 年版）》	国家发展改革委等 7 个部委	燃料电池装备制造，氢能利用设施建设和运营，加氢设施制造、建设和运营列入绿色产业目录，加强政策和资金引导
2019 年 1 月	《柴油货车污染治理攻坚战行动计划》	生态环境部等 11 个部门	积极推广应用新能源物流配送车，鼓励各地组织开展燃料电池货车示范运营建设加氢示范站
2018 年 2 月	《关于调整完善新能源汽车推广应用财政补贴政策的通知》	财政部等 4 个部门	制定了燃料电池汽车补贴标准，燃料电池乘用车按照搭载燃料电池系统的额定功率补贴 6000 元/kW，燃料电池轻型客车、货车定额补贴上限 30 万元/辆，大中型客车、中重型货车定额补贴上限 50 万元/辆，并制定了燃料电池汽车技术要求
2017 年 9 月	《乘用车企业平均燃料消耗量与新能源汽车积分并行管理办法》	工业和信息化部等 4 个部门	制定了燃料电池乘用车标准车型积分算法，燃料电池乘用车：$0.16 \times P$。P 为燃料电池系统额定功率，单位为 kW
2017 年 5 月	《“十三五”交通领域科技创新专项规划》	科技部、交通运输部	提出深入开展燃料电池汽车核心专项技术研发，推进加氢基础设施和示范考核技术发展，制定车用 70MPa 氢瓶四型瓶标准，进行燃料电池及燃料电池发动机创新，建立测试评价平台，提出发展无人机燃料电池、氢燃料，提出突破燃料电池汽车重点专项技术
2017 年 4 月	《汽车产业中长期发展规划》	工业和信息化部、国家发展改革委、科技部	重点任务：加强核心技术攻关，提出加强燃料电池汽车关联技术的融合和应用。制定氢能燃料电池汽车技术路线图创新中心建设工程，加大研发投入，共同开展前沿技术和共性关键技术的研发，推动技术成果转移扩散和首次商业化，面向行业、企业提供公共技术服务。突破重点领域，引领产业转型升级。加快新能源汽车技术研发及产业化。利用企业投入、社会资本、国家科技计划（专项、基金等）统筹组织企业、高校、科研院所等协同攻关，重点围绕燃料电池动力系统等 6 个创新链进行任务部署。建立健全政策体系，逐步扩大燃料电池汽车试点示范范围。燃料电池全产业链技术攻关

续表

公布日期	政策名称	印发单位	相关摘要
2016年12月	《“十三五”国家战略性新兴产业发展规划》	国务院	推动新能源汽车、新能源和节能环保产业快速壮大，构建可持续发展新模式，提出推进燃料电池汽车产业化，到2020年，实现当年产销200万辆以上，累计产销超过500万辆。开展燃料电池新技术研发。系统推进燃料电池汽车研发与产业化。加强燃料电池基础材料与过程机理研究，推动高性能低成本燃料电池材料和系统关键部件研发。加快提升燃料电池堆系统可靠性和工程化水平，完善相关技术标准。推动车载储氢系统以及氢制备、储运和加注技术发展，推进加氢站建设。到2020年，实现燃料电池汽车批量生产和规模化示范应用
2016年10月	《节能与新能源汽车技术路线图》	中国汽车工程学会（受国家制造强国建设战略咨询委员会、工业和信息化部委托）	明确了燃料电池2015年到2030年主要技术参数每五年的发展目标，包括最高效率、材料成本、寿命、功率比等
2016年7月	《“十三五”国家科技创新规划》	国务院	在构建具有国际竞争力的现代产业技术体系中，提出发展现代交通技术与装备，提出突破燃料电池动力系统的基础前沿和核心关键技术，在发展引领产业变革的颠覆性技术中，提出开发氢能、燃料电池等新一代能源技术
2016年6月	《中国制造2025—能源装备实施方案》	国家发展改革委、工业和信息化部、国家能源局	明确了燃料电池技术攻关、试验示范、应用推广的方向

续表

公布日期	政策名称	印发单位	相关摘要
2016年5月	《国家创新驱动发展战略纲要》	国务院	在战略任务中提到，发展引领产业变革的颠覆性技术，不断催生新产业、创造新就业，提出开发氢能、燃料电池等新一代能源技术
2016年4月	《能源技术革命创新行动计划（2016—2030年）》	国家发展改革委、国家能源局	将氢能与燃料电池技术创新列为重点任务之一，明确了战略方向、创新目标、创新行动路线图
2015年5月	《中国制造2025》	国务院	将节能与新能源汽车列为重点领域，大力推动重点领域突破发展，提出要继续支持燃料电池汽车的发展的战略目标
2015年4月	《关于2016—2020年新能源汽车推广应用财政支持政策的通知》	财政部、科技部、国家发展改革委、工业和信息化部	从2016年起，燃料电池汽车补贴调整为乘用车20万元、轻型客车货车30万元、大中型客车和中重型货车50万元
2015年3月	《交通运输部关于加快推进新能源汽车在交通运输行业推广应用的实施意见》	交通运输部	将积极推广应用燃料电池汽车作为基本原则之一。将推动落实扶持政策作为主要任务之一。在2014年9月1日至2017年12月31日，对燃料电池汽车免征车辆购置税
2015年1月	《关于对电池涂料征收消费税的通知》	财政部、国家税务总局	提出对燃料电池免征消费税

续表

公布日期	政策名称	印发单位	相关摘要
2014 年 6 月	《能源发展战略行动计划（2014—2020 年）》	国务院	推进能源科技创新，明确氢能与燃料电池为创新重点方向之一
2013 年 9 月	《关于继续开展新能源汽车推广应用工作的通知》	财政部、科技部、工业和信息化部、国家发展改革委	2013 年燃料电池乘用车补贴 20 万元，商用车补贴 50 万元
2010 年 10 月	《国务院关于加快培育和发展战略性新兴产业的决定》	国务院	实现燃料电池汽车相关前沿技术重点领域快速健康发展，大力推进高能效、低排放汽车发展
2012 年 6 月	《节能与新能源汽车产业发展规划（2012—2020 年）》	国务院	将燃料电池汽车、车用氢能产业要与国际同步发展列为主要目标之一。在主要任务中，提出实施节能与新能源汽车技术创新工程，要加强新能源汽车关键核心技术研究，开展燃料电池电堆、发动机及其关键材料核心技术研究。加快建立节能与新能源汽车研发体系，加快建设共性技术平台，重点开展燃料电池汽车等关键核心技术研发，加快推广应用和试点示范，开展燃料电池汽车运行示范，提高燃料电池系统的可靠性和耐久性，带动氢的制备、储运和加注技术发展
2009 年 1 月	《关于开展节能与新能源汽车示范推广试点工作的通知》	财政部、科技部	在 13 个城市开展新能源汽车示范试点，对城市公共服务领域的新能源汽车给予一次性补贴。其中公共服务用乘用车和轻型商用车，燃料电池汽车每辆补助 25 万元；十米以上城市公交客车，燃料电池汽车每辆补助 60 万元

附表 2　部分地方出台的氢能产业支持政策

地区	时间	政策名称	相关摘要
产业扶持类政策			
江苏如皋	2016 年 8 月	《如皋“十三五”新能源汽车规划》	建设“氢经济示范城市”，重点突出制氢技术、氢气存储和加注技术、氢燃料大巴及燃料电池热电联供等氢能应用的示范引领
上海	2017 年 9 月	《上海市燃料电池汽车发展规划》	用三年时间，把上海打造成国内领先的燃料电池汽车技术示范城市。打造包含关键零部件、整车开发等环节的产业集群，聚集超过 100 家燃料电池汽车相关企业，燃料电池汽车全产业链年产值突破 150 亿元
河北张家口	2017 年 12 月	《氢能源示范城市发展规划》	依托 2020 年冬奥会，全面推进风电制氢、燃料电池车辆用氢相关工作
北京	2017 年 12 月	《北京市加快科技创新培育新能源智能汽车产业的指导意见》	科学布局并适度超前推进燃料电池汽车、智能网联汽车的研制和示范，培育产业新增长点。重点增强燃料电池电堆及系统、氢气循环泵、空压机等零部件，以及高压储氢、液态储氢等的研发生产能力
湖北武汉	2018 年 1 月	《武汉氢能产业发展规划方案》	建设国内领先的氢能产业园，聚集超过 100 家燃料电池汽车产业链相关企业，燃料电池汽车全产业链年产值超过 100 亿元；建设 5~20 座加氢站，燃料电池公交车、通勤车、物流车等示范运行规模达到 2000~3000 辆
江苏苏州	2018 年 3 月	《苏州市氢能产业发展指导意见（试行）》	到 2020 年，氢能产业链年产值突破 100 亿元，建成加氢站近 10 座，推进公交车、物流车、市政环卫车；到 2025 年，氢能产业链年产值突破 500 亿元，建成加氢站近 40 座，公交车、物流车、市政环卫车和乘用车批量投放

续表

地区	时间	政策名称	相关摘要
广东	2018 年 6 月	《广东省人民政府关于加快新能源汽车产业创新发展的意见》	地补资金中 30% 用于支持氢燃料电池汽车推广应用；推进产业链相关技术研发、基础设施建设、标准体系建设和人才队伍建设等
江苏如皋	2018 年 10 月	《如皋市扶持氢能产业发展实施意见》	坚持长期重点发展、协同合作发展、示范推广运用的原则，在 2018—2020 年基本建成氢能特色小镇，在 2021—2025 年建成国内具有重要影响力的氢经济示范城市，2025—2030 年建成国际上具有重要影响力的氢经济示范城市
广东佛山	2018 年 11 月	《佛山市氢能源产业发展规划（2018—2030 年）》	到 2020 年完成氢能源产业及核心产品的培育，到 2025 年将佛山市打造成国内知名的氢能产业典范城市，到 2030 年通过不断扩大氢能源产品在城市各个领域的应用与示范，将佛山市建设成国际知名的氢能生态城市
江苏张家港	2018 年 12 月	《张家港市氢能产业发展三年行动计划（2018—2020 年）》	到 2020 年张家港市实现氢能产业链年产值突破 100 亿元，其中制氢环节 10 亿元、氢能装置（关键零部件）40 亿元、氢燃料电池系统 20 亿元、氢燃料电池汽车 30 亿元
广东茂名	2019 年 1 月	《茂名市加快新能源汽车产业创新发展实施方案》	要加快加氢站的规划和建设，编制加氢站试点建设方案，满足氢燃料电池汽车示范运营需求。对列入试点建设方案拟建设的加氢站，由各地住建部门办理报建、验收等审批手续
浙江宁波	2019 年 1 月	《宁波市人民政府办公厅加快氢能产业发展的若干意见》	打造氢能装备制造基地，推进氢能技术创新研发，推进氢能示范应用，建设氢能产业创新协同平台，引进培育氢能龙头产业，推进氢能公共服务平台建设；到 2022 年，氢能产业体系不断完善，自主创新能力持续提升，产业发展环境更加优越，推进一批氢能应用示范设施，全市氢能产业综合实力不断增强；到 2025 年，全市氢能产业规模大幅提升，氢燃料电池电堆、关键材料、零部件和动力系统集成核心技术达到国际先进水平

续表

地区	时间	政策名称	相关摘要
江苏常熟	2019 年 2 月	《常熟市氢燃料电池汽车产业发展规划》	2019—2022 年，围绕氢燃料电池汽车的应用和推广示范建成一批市场优化运营的公共加氢站，推广示范一批公交、客车、物流配送车、环卫车等应用车辆；积极申报国家试点示范城市；快速推进核心技术开发和产品攻关，积极招引国内外创新研发机构落户；初步形成相对完整的产业链条；2023—2025 年，实现氢燃料电池汽车核心技术的重点突破，集聚 5~10 家领先的研发机构。实现 1~2 家具有影响力的整车企业量产，关键零部件企业达到 50 家以上，产业规模突破百亿；建成更完善的加氢设施；2026—2030 年，打造成为更具影响力的产业技术创新中心，引领氢燃料电池汽车创新发展；形成千亿级产业集群；成为具有区域影响力的氢燃料电池汽车应用城市
安徽铜陵	2019 年 1 月	《铜陵市智能网联新能源汽车产业发展路线图》	打造氢燃料电池、驱动电机、智能传感器、再制造等四大特色板块，推动形成“整车—核心零部件—关键材料—回收利用再制造”产业链，加快构建汽车产业集群和规模优势
浙江嘉善	2019 年 2 月	《嘉善县推进氢能产业发展和示范应用实施方案（2019—2022 年）》	到 2022 年，力争完成 120kW 的单电堆设计与开发，燃料电池产能达到 10000 台，销售达到 5000 台。建成加氢站或综合能源站 3~5 座。燃料电池公交车占新能源公交车总保有量的 50%
海南	2019 年 3 月	《海南省清洁能源汽车发展规划》	坚持充电为主、加气为辅，加氢提前布局的原则，力争通过 3~5 年时间，建成覆盖全省，满足各类型清洁能源汽车应用基本需求，且充换兼容、快慢充互补、多场景结合、智能化的充电加气、加氢网络
山西	2019 年 4 月	《山西省新能源汽车产业 2019 年行动计划》	山西将依托太原等城市现有氢燃料电池汽车相关产业开展试点示范，支持太原等地申报国家级试点示范城市，并将山西打造成中国“氢谷”。山西明确在氢燃料电池汽车补贴方面，将按照中央财政补助 1∶1 的比例给予省级财政补助，并对加氢站和氢燃料加注进行适度补贴

续表

地区	时间	政策名称	相关摘要
安徽六安	2019年4月	《六安市人民政府关于大力支持氢燃料电池产业发展的意见》	通过实施省重大新兴产业专项、创建产业发展平台、加大应用试点示范、做优做强产业链、推进加氢站规划建设等举措，实现做大做强核心龙头企业，打造氢燃料电池产业集聚基地、围绕氢燃料电池产业打造专业人才集聚基地、培育产业集群集聚基地等发展目标
山东潍坊	2019年5月	《潍坊市人民政府关于做好全市汽车加氢站规划建设运营管理工作的意见》	要明确加氢站监管原则和职责分工，加快推进加氢站规划建设，规范加氢站经营服务行为，切实加强加氢站安全管理，依法实施加氢站经营许可，做好全市汽车加氢站规划建设
吉林白城	2019年5月	《白城市新能源与氢能产业发展规划》	力争到2035年，白城风电装机2000万kW、光伏装机1500万kW，年生产氢气能力达到百万吨级，产值近2000亿元，累计投资可达到2000亿元，形成具有国际影响力的新能源与氢能区域产业集群
四川	2019年5月	《四川省打好柴油货车污染治理攻坚战实施方案（征求意见稿）》	鼓励开展燃料电池货车示范运营，建设加氢示范站；支持替代燃料、混合动力、纯电动、燃料电池等技术攻关，鼓励开发氢燃料等新能源专用发动机，优化动力总成系统匹配
山东	2019年6月	《山东省氢能源产业中长期发展规划（2019—2035）》	到2025年，全省氢能源产业增加值达到1000亿元，燃料电池固定式发电装机容量达到3200MW，燃料电池汽车应用规模达到50000辆，加氢站数量达到200座。到2035年，规模质量效益进一步提升，实现高质量稳健发展
河南	2019年6月	《河南省加快新能源汽车推广应用若干政策》	鼓励省内相关生产企业加大氢燃料电池汽车推广力度，积极参与国家和河南省氢燃料电池汽车示范运营项目建设，省财政根据项目投入运营的氢燃料电池汽车数量及配套设施建设情况给予一定比例的奖励
上海	2019年6月	《氢燃料电池汽车产业集聚区规划》	到2025年，嘉定氢能及燃料电池汽车全产业链年产值将突破500亿元

续表

地区	时间	政策名称	相关摘要
江苏张家港	2019 年 6 月	《张家港市氢能产业发展规划》	到 2020 年，全市氢能产业规模持续增长，氢能产业体系、产业技术支撑平台与配套设施不断完善，产业空间布局进一步优化，氢能示范项目有序推进，氢能产业集聚发展格局基本形成，“东方氢港”建设初具成效；到 2025 年，全市氢能产业规模实现跨越式增长，氢能产业体系、配套基础设施相对完善，氢能产业关键核心技术实现重大突破，氢能产业链布局趋于完善，氢能产业集群形成规模，氢能应用向氢能社会方向深化，“东方氢港”建设深入推进；到 2035 年，张家港氢能产业在国内居于领先地位，氢能产业由示范带动转向市场拉动，氢能产业链产值规模突破 1000 亿元，氢能装备制造迈向高端，产业领军企业自主创新实力雄厚，氢气储运、氢燃料电池技术和制造达到国际先进水平；氢能交通体系和氢能物流运输体系基本完善，氢能社区建设取得较大进展。建成具有全国影响力的“东方氢港”
河北张家口	2019 年 6 月	《氢能张家口建设规划（2019—2035 年）》	到 2021 年，形成覆盖氢能制备、储运、加注关键装备、氢燃料电池整车及关键零部件制造的生态体系，全市年制氢能力达 2. 1 万吨，园区引入企业数量 20 家以上；到 2035 年，全市氢能及相关产业累计产值达到 1700 亿元，年制氢能力达 5 万吨，园区累计引入企业 100 家以上。同时，要建成世界知名的氢能技术研发中心，成为全球氢能技术创新高地
福建福州	2019 年 6 月	《关于加快福州市产业发展的工作意见》	要推动加氢基础设施、氢能产业园建设，加快氢燃料电池发动机项目落地建设、批量生产，争取建设国家级氢能源研究中心，加大氢能源汽车应用推广。至 2020 年，力争氢能产业规模居全省前列
湖南株洲	2019 年 7 月	《株洲市氢能源产业发展规划（2019—2025）》	到 2025 年，形成氢能和燃料电池支柱产业，建成加氢站 8 ~ 10 座，燃料电池公交大巴生产能力 10000 辆/年，燃料电池乘用车生产能力 10 万辆/年，长株潭城市群公交运营燃料电池车辆 5000 辆，全产业链工业产值达到 800 亿元

续表

地区	时间	政策名称	相关摘要
河北	2019年8月	《河北省推进氢能产业发展实施意见》	到2022年，氢能关键装备及其核心零部件基本实现自主化和批量化生产，氢能产业链年产值150亿元。到2025年，培育国内领先的企业10~15家，氢能产业链年产值达到500亿元。到2030年，培育5~10家具有国际领先的龙头企业，氢能产业链年产值突破2000亿元；至少建成100座加氢站，燃料电池汽车运行超过5万辆
江苏	2019年8月	《江苏省氢燃料电池汽车产业发展行动规划》	到2021年，全省氢能产业水平处于全国领先，氢能产业主营收入达500亿元，电堆产能达50万kW以上；到2025年，将基本建立完整的氢燃料电池汽车产业体系，力争全省整车产量突破1万辆，建设加氢站50座以上，基本形成布局合理的加氢网络，产业整体技术水平与国际同步，成为我国氢燃料电池汽车发展的重要创新策源地地；到2025年，基本建立完整的氢燃料电池汽车产业体系，力争全省整车产量突破1万辆，建设加氢站50座以上，基本形成布局合理的加氢网络，产业整体技术水平与国际同步，成为我国氢燃料电池汽车发展的重要创新策源地
浙江	2019年8月	《浙江省加快培育氢能产业发展的指导意见》	到2022年，浙江省氢燃料电池整车产能达到1000辆，氢燃料发动机产量超过1万台，氢能产业总产值超过100亿元，氢燃料电池在公交、物流、船舶、储能、用户侧热电联供等领域推广应用形成一定规模，累计推广氢燃料电池汽车1000辆以上；到2025年，浙江基本形成完备的氢能装备和核心零部件产业体系；加氢设施网络较为完善，氢能在汽车、船舶、分布式能源等应用领域量化推广，成为国内氢能产业高地
四川成都	2019年8月	《成都市氢能产业发展规划（2019—2023年）》	到2023年，成都市氢能产业力争实现主营业务收入超过500亿元，建设全国知名的氢能产业高端装备制造基地，全市推广应用燃料电池汽车2000辆以上；建设覆盖全域成都的加氢站30座以上，形成以成都平原为中心，辐射全省的氢能综合交通网络
山东济南	2019年9月	《济南新旧动能转换先行区氢能产业发展规划》	先行区将在产业核心区高质量规划20平方千米的“氢谷”，将布局35座加氢站，示范推广的氢燃料电池汽车规模超过3000辆。在先行区内建设运营的商业化、公共服务用的加氢站、加油加氢站，最高给予建设企业900万元的建设补贴

续表

地区	时间	政策名称	相关摘要
贵州六盘水	2019 年 9 月	《六盘水市氢能源产业发展规划(2019—2030 年)》	到 2025 年，建成液氢工厂及加氢站基础设施，回收利用焦炉煤气中的氢气，实现廉价氢气的就地提取消纳，形成制氢（氢源）、氢储存、运输和利用的氢能产业链；到 2030 年，结合煤炭资源和可再生资源发展以煤制氢为重点氢能产业链，布局氢燃料电池示范应用和加氢基础设施建设，建成加氢站近 20 座
广东佛山	2019 年 10 月	《佛山市南海区氢能产业发展规划（2019—2030）（征求意见稿）》	到 2030 年，氢能产业累计产值突破 1000 亿元。通过实施“4321”发展战略，以打造“仙湖氢谷”为抓手，率先将南海区建成国际知名的氢能产业发展示范区
山东潍坊	2020 年 1 月	《潍坊市氢能产业发展三年行动计划（2019—2021 年）》	提出了六大任务：突破核心救赎、打造氢能产业聚集区、建设低成本氢气供应体系、布局及建设加氢站、加强示范推广、建设研发平台及标准体系。布局了六大工程：氢能产业研发制造基地建设工程、氢能供给建设工程、氢能装备产业建设工程、加氢基础设施建设工程、国际氢能城市创建工程、氢燃料电池物流园示范工程
天津	2020 年 1 月	《天津市氢能产业发展行动方案(2020—2022 年)》	到 2022 年，氢能产业总产值突破 150 亿元；引育 2~3 家在氢燃料电池及核心零部件、动力系统集成、检验检测等领域具有国际竞争力的优势龙头企业；建成至少 10 座加氢站、打造 3 个氢燃料电池车辆推广应用试点示范区，开展至少 3 条公交或通勤线路示范运营，累计推广使用物流车、叉车、公交车等氢燃料电池车辆 1000 辆以上；建成至少 2 个氢燃料电池热电联供示范项目
江苏常熟	2020 年 2 月	《2020 年常熟氢燃料电池汽车产业发展工作要点》	从政策体系、载体建设、项目引进、示范应用、氛围营造等 5 个方面对全年的氢燃料电池汽车产业工作进行了规划
广东佛山	2020 年 2 月	《佛山市南海区氢能产业发展规划（2020—2035 年）》	到 2025 年，氢能产业累计总产值达 300 亿元；到 2030 年，氢能产业累计总产值达 1000 亿元；到 2035 年，氢能产业累计总产值突破 1500 亿元的发展目标

续表

地区	时间	政策名称	相关摘要
重庆	2020年3月	《重庆市氢燃料电池汽车产业发展指导意见》	到2022年，氢燃料电池汽车产业链体系初步形成，自主创新能力显著提升，产业发展环境更加优越，示范应用初具规模
广东茂名	2020年3月	《茂名市氢能产业发展规划（征求意见稿）》	茂名氢能产业发展战略为：一个目标，两大核心区，三大应用领域，百亿产值
安徽铜陵	2020年3月	《铜陵市氢能与燃料电池产业发展规划》	成立了氢能研究院，组建产业发展基金，制定产业发展相关政策，进一步加快氢能示范应用项目建设等
河南	2020年4月	《河南省氢燃料电池汽车产业发展行动方案》	提出以客车为牵引，促进物流等商用车产业发展，以重点城市群辐射带动全省范围开展氢燃料电池汽车示范应用，到2025年，全省氢燃料电池汽车相关产业年产值要突破1000亿元
宁夏	2020年5月	《关于加快培育氢能产业发展的指导意见》	到2025年，力争建成1~2座日加氢能力500公斤及以上加氢站，布局建设氢能产业示范园区和服务平台，集聚氢能产业链企业，形成集群发展。积极支持银川市率先开通1~2条示范公交线路运营氢燃料电池公交车，并逐步扩大到银川都市圈城际间氢燃料电池客运车示范运营。适时开展氢燃料物流车、市政环卫车等示范运营
河南新乡	2020年5月	《新乡市氢能与燃料电池产业发展规划》	到2020年，将开通2条燃料电池公交车示范线，建设加氢站2~3座，推进市内公交车、县际班车、城市环卫及物流车辆、重型货车、景区车辆的示范运营，氢燃料电池汽车运行规模达到50~100辆；2021—2025年，将培育具有国际影响力的燃料电池电堆企业1~2家、动力系统企业2~3家、关键装备及零部件企业4~6家，实现氢能与燃料电池产业链年产值突破100亿元；2026—2030年，形成具有国内引领位置的头部企业2~3家，氢能与燃料电池产业链年产值突破500亿元；在推广应用层面，建成加氢站40~50座，推广应用各类氢燃料电池车辆1万辆以上，建成具有示范意义的氢能社区5个以上

续表

地区	时间	政策名称	相关摘要
山东	2020 年 6 月	《山东省氢能产业中长期发展规划（2020—2030 年）》	在 2022 年氢能产业总产值规模突破 200 亿元，累计建成加氢站 30 座，省域内累计示范推广燃料电池汽车 3000 辆左右；到 2025 年，氢能产业总产值规模突破 1000 亿元，累计建成加氢站 100 座，累计推广燃料电池汽车 10000 辆；到 2030 年，氢能产业总产值规模突破 3000 亿元，累计建成加氢站 200 座，累计推广燃料电池汽车 50000 辆
河北邯郸	2020 年 6 月	《邯郸经济技术开发区加快氢能产业发展实施方案（2020—2022 年）》	拟举全市之力，实施氢能核心技术装备攻坚行动，将邯郸经开区打造成国内一流氢能产业集群和装备制造基地，致力发展氢能全产业链工业化生产能力
四川成都	2020 年 6 月	《成都市新型基础设施建设专项规划》	2020—2022 年以龙泉驿区和郫都区“一城一都”为重点，同时在金堂、青白江、双流区推进试点探索，建设加氢站 15 座以上、1 条氢能源新型轨道、1 个氢燃料发动机研究中心等
地方性财政补贴政策			
广东深圳	2017 年 7 月	《深圳市 2017 年新能源汽车推广应用财政支持政策》	给予燃料电池乘用车 20 万元/辆、燃料电池轻型客车和货车 30 万元/辆、燃料电池大中型客车和中重型货车 50 万元/辆的补贴
广东佛山	2018 年 4 月	《佛山市南海区促进加氢站建设运营及氢能源车辆运行扶持办法（暂行）》	扶持范围涵盖在南海区建设运营的商业化运营或公共服务用途的加氢站、加氢加油合建站和加氢加气合建站，以及整车、动力系统总成或电堆为南海区内企业生产的并在南海区运行的氢能源车辆。新建固定式加氢站建设最高补贴 800 万元
上海	2018 年 5 月	《上海市燃料电池汽车推广应用财政补助方案》	燃料电池车按照中央财政补助 1：0.5 给予上海市财政补助。燃料电池系统达到额定功率不低于驱动电机额定功率的 50% 或不小于 60kW 的，按照中央财政补助 1：1 给予财政补助

续表

地区	时间	政策名称	相关摘要
广东广州	2018 年 6 月	《关于征求广州市推动新能源汽车发展若干政策公众意见的通知》	除燃料电池汽车按照不超过国补 1∶1 的比例给予地补外，纯电动汽车、插电式混合动力混合动力（含增程式）汽车按照国补 1∶0.5 的比例给予地补，且国补和地补资金总额最高不超过车辆销售价格（国补+地补+消费者支付金额）的 60%
海南	2018 年 4 月	海南省转发四部委发布的《关于调整完善新能源汽车推广应用财政补贴政策的通知》的通知	2018 年海南省新能源汽车车辆购置地方财政补贴标准继续按中央财政同期补贴标准的 1∶0.5执行，其中，省、市县两级财政各承担 50%。各市县要加快推进充电基础设施建设，新能源汽车地方购置补贴资金将根据中央政策要求逐渐转为支持充电基础设施建设和运营、新能源汽车使用和运营等环节
河南	2018 年 6 月	关于公开征求《关于调整河南省新能源汽车推广应用及充电基础设施奖补政策的通知》有关意见的通知	河南省财政在新能源专用车、货车以及燃料电池车按照国家补助标准的 30%给予推广应用补助。并随国家进一步细化标准进行调整。纯电动、插电式混合动力客车按照国家补助标准的一定比例给予推广应用补助，但车长低于 8m 的车辆不再补助
广西南宁	2019 年 1 月	《关于调整完善南宁市新能源汽车地方财政补贴政策的通知》	燃料电池汽车按国家补助的 80%给予地方补助。自治区和南宁市地方补助政策叠加后，南宁市除燃料电池汽车外的新能源汽车获得地方补助是国家标准的 50%，燃料电池汽车获得地方补助是国家标准的 100%
广东深圳	2019 年 1 月	《深圳市 2018 年新能源汽车推广应用财政支持政策》	在燃料电池汽车方面补贴标准是燃料电池乘用车 20 万元/辆，燃料电池轻型客车、货车 30 万元/辆，燃料电池大中型客车、中重型货车 50 万元/辆
广东佛山	2019 年 1 月	《佛山市南海区促进加氢站建设运营及氢能源车辆运行扶持办法》	在 2018 年 4 月出台的《佛山市南海区促进加氢站建设运营及氢能源车辆运行扶持办法（暂行）》的基础上进行了一些修订，包括对氢能源车辆扶持范围、加氢站运营企业加氢补贴标准、加氢站财政贡献奖励的调整，如将每公斤氢气补贴价格从 9 元修改为 18 元，将加氢站年度奖励金额从其业务增值税和所得税区及地方政府留成部分的 50%提高至 100%

续表

地区	时间	政策名称	相关摘要
山西长治	2019年3月	《长治市上党区氢能产业扶持办法（试行）》	设立氢能产业发展专项扶持资金，用于扶持上党区从事氢能产业科技创新、加氢站建设运营及氢能源车辆运行的企业、单位或个人；给予加氢站运营财政贡献奖励，用于弥补投入和继续扩大经营规模。2019—2021年度奖励金额为其加氢业务增值税和所得税区级地方政府留成部分的100%，2022—2023年度为50%
江苏镇江	2019年3月	《2018—2020年镇江市新能源汽车推广应用地方财政补贴实施细则》	规定在本市上牌的燃料电池汽车补贴标准为当年度中央财政相应车型单车补贴额的40%，地方财政补贴总额最高不超过扣除国家补贴后汽车售价的60%。燃料电池乘用车将按照搭载燃料电池系统的额定功率进行补助，燃料电池客车、货车采取定额补助
上海	2019年5月	《嘉定区鼓励氢燃料电池汽车产业发展的有关意见（试行）》	通过给予各种奖励加大氢燃料电池汽车产业集聚，同时完善氢燃料电池汽车产业配套，包括支持人才集聚、支持企业举办重大活动和拓展市场、支持企业建立产业联盟和行业组织、支持培育各类中介组织等
北京	2019年6月	《关于调整〈北京市推广应用新能源汽车管理办法〉相关内容的通知》	燃料电池汽车按照中央与地方1∶0.5比例安排市级财政补助
重庆	2019年6月	《关于印发重庆市2019年度新能源汽车推广应用财政补贴政策的通知》	加氢站补贴方面按照日加氢能力分档次给予补贴最高补贴200万元。与此同时，区县（自治县）安排有配套补贴的，市级和区县（自治县）两级财政的补贴累加之和不得超过相应加氢站标准造价的50%
广东江门	2019年7月	《江门市新能源汽车推广应用地方财政补助实施细则（2016—2020）（征求意见稿）》	在2017年1月1日至2020年12月31日，新能源公交客车和燃料电池汽车地方补贴标准按不超过国家补贴的50%进行补贴

续表

地区	时间	政策名称	相关摘要
浙江嘉兴	2019年8月	《关于加快嘉兴氢能产业发展的若干意见》	经认定的省/市氢能高端装备特色产业园，分别给予200万元/100万元奖励。氢燃料电池汽车方面参照中央财政，对加氢站一次性20%补助。加氢补贴按20元/kg给予加氢站运营企业加氢补贴（从2019年开始），每年补助标准降低5元/kg
山东济宁	2019年11月	《关于支持氢能产业发展的意见》《济宁市加氢站建设管理暂行办法》	对建设的500kg/d的撬装式加氢站和固定式加氢站，每个分别补贴400万元、800万元。对氢能公交车和氢能物流车车辆购置款按照国家标准1：1，对加氢站运营销售氢气，按20元/kg进行补贴
山东潍坊	2020年3月	《潍坊市促进加氢站建设及运营扶持办法》	加快推进加氢站建设，对加氢站建设、加氢站加氢的企业给予补贴，最高补贴600万元
广东佛山	2020年6月	《佛山市燃料电池汽车推广应用地方财政补贴资金管理办法（征求公众意见稿）》	拟在中央财政专项资金补贴的基础上，对燃料电池汽车按照中央财政单车补贴金额的100%确定地方补贴标准
江苏太仓	2020年6月	《2019年太仓市新能源汽车推广应用财政补贴实施细则》	燃料电池汽车购置补贴标准，是依据2019年购置上牌的燃料电池汽车符合国家新能源汽车技术指标要求并办齐相关手续的，按照附件1对应标准的0.8倍补贴

资料来源：第一元素网、氢云链。